Revue GestEcoDroit

Année 2025

Volume 3

Numéro 11

DIRECTEUR DE PUBLICATION
Clotaire MOULOUNGUI

DIDACTIJURIS et Clotaire MOULOUNGUI
6, square du capitaine Guynemer
59960 Neuville-en-Ferrain
Didactijuris@yahoo.com

ISBN : 978-2-487740-36-5
ISSN : 3096-8143

Articles de ce volume 3

Les controverses sur la délinquance juvénile

Clotaire MOULOUNGUI
Maître de conférences hors classe à l'ULCO
Rédacteur en chef de la Revue GestEcoDroit

Résumé : Il y a quasiment un accord général sur le potentiel de dangerosité des mineurs. Toutefois, un désaccord subsiste à propos de ses causes. Par exemple, la famille, le quartier, l'école buissonnière et le déclin de l'autorité sont convoqués pour expliquer cette délinquance juvénile. Une mésentente plus grande concerne la réponse pénale appropriée aux jeunes délinquants. Car la traditionnelle rééducation se retrouvera peut-être bientôt en concurrence avec l'encadrement militaire et l'emprisonnement de courte durée. Le slogan en vogue est en effet la tolérance zéro.

Mots clefs : délinquance juvénile, rééducation, politique de l'excuse, tolérance zéro, encadrement militaire,

Abstract: There is near-general agreement on the dangerous potential of minors. However, disagreement remains regarding its causes. For example, family, neighborhood, truancy, and the decline of authority are cited to explain this juvenile delinquency. A greater disagreement concerns the appropriate penal response to young offenders. Traditional reeducation may soon find itself in competition with military supervision and short-term imprisonment. The fashionable slogan is indeed zero tolerance.

Keywords: juvenile delinquency, reeducation, policy of excuse, zero tolerance, military supervision,

§§§§§§§§§§§§

1. – La rétribution pénale des délinquants en tous genres.

1. – La vie en société serait désagréable et périlleuse si régnait la loi du plus fort. Aussi, pour la sécurité et la paix de chacun, diverses obligations et interdictions s'imposent à tous ; même dans les jeux et les sports. Oui, « *sans respect des règles, sans arbitres et juges indépendants, c'est la loi du plus fort qui l'emporte. Il est temps de réaffirmer l'autorité du droit* » (1).

2. – Certaines des interdictions et obligations alors ainsi édictées par les autorités publiques apparaissent particulièrement essentielles à la collectivité (2). De sorte que le coupable de leur violation s'attendra à divers désagréments (3). Le plus rude de ces désagréments est la privation de liberté, laquelle se dénomme techniquement une réclusion (pour le coupable d'un crime) et un emprisonnement (pour l'auteur d'un délit). Par abus de langage, le second terme est trop souvent préféré ; y compris dans cette publication.

3. – Sont en outre encourues (par les coupables) des condamnations patrimoniales, comme la confiscation de biens

---

1) Gérard COUDERT, Sauver l'arbitre, sauver la démocratie, JS 2025, n°263, p.3.

2) Christophe ANDRÉ, Buts poursuivis, intérêts protégés, valeurs sociales défendues en droit pénal : un cabinet des antiques ? RSC 2025. 255.

3) Les peines les plus sévères (qui correspondent aux crimes les plus graves) relèvent des cours d'assises. Les membres de celles-ci (les jurés) sont de simples particuliers (des Français de 23 ans révolus, sans casier judiciaire). Les magistrats de carrière (des juristes) œuvrent dans les instances inférieures de jugement (cour criminelle départementale, tribunal correctionnel), ainsi que dans les juridictions d'instruction (juge d'instruction, chambre de l'instruction de la cour d'appel).

ou les amendes, au profit du Trésor public, ainsi que les dommages-intérêts au profit de la victime de l'infraction. Pire, il se rajoute, plus ou moins automatiquement, des interdictions professionnelles, civiques, civiles, ou de famille (1). À certains observateurs, un tel acharnement pénal semble excessif ; par exemple en matière de mendicité (2).

4. – En vérité, une juridiction pénale de jugement ne se confond nullement avec un vulgaire D.A.P., c'est-à-dire un distributeur automatique de peines. En effet, les juges disposent d'un pouvoir d'appréciation. Même si la loi pénale est d'interprétation stricte (3). Concrètement, les juges combinent divers critères en vue de la qualification des faits, puis pour le choix de la peine idoine. Déjà, le même fait passera de la simple qualification de violences à celle d'homicide, selon sa conséquence ultime. C'est dire que la gravité du préjudice pénal implique une sanction plus sévère (4).

5. – Dans nombre de cas, la sanction normale se trouve aggravée par le Code pénal. Par exemple lorsque la victime était

---

1) Georges VERMELLE, Non-cumul d'une peine d'emprisonnement et d'une interdiction professionnelle, RSC 2004. 873 ; Bernard BOULOC, Durée de l'interdiction des droits civiques, civils ou de famille et de l'interdiction de séjour, RSC 1996. 117 ; Caroline FLEURIOT, Contrôle judiciaire et interdictions professionnelles, D.A. 22 mars 2012.

2) Pendant des siècles la France aura pourchassé ses vagabonds et ses mendiants, avant de songer finalement à leur fournir des aides institutionnelles. Ce n'est pas encore le cas dans tous les pays. Cf. Catherine BERLAUD, Sévérité de la loi pénale suisse qui punit la mendicité en question, Gaz. Pal. 16 févr. 2021, n° 396f8, p. 43.

3) Hubert CHARLES, Interprétation stricte de la loi pénale, D. 2000. 307.

4) Paul CAZALBOU, Retour critique sur le principe d'unicité de qualification des faits en droit pénal, RSC 2018. 387 ; Eudoxie GALLARDO, La qualification pénale des faits, RSC 2013. 986.

membre de la famille du coupable (1). Mais dans ce cadre-là, si le viol sur sa propre conjointe est davantage puni que celui sur une étrangère à la famille, en revanche l'accaparement de (simples) valeurs au détriment de cette conjointe se conclura en général par une immunité pénale (2). Après tout, la solidarité familiale consiste habituellement à protéger les siens ou à partager leurs avantages et déboires (3). Encore que (du point de vue civil) le remboursement des valeurs en question restera dû par le parent voleur, escroc, extorqueur ou maître chanteur.

6. – Par ailleurs, la personnalité même de l'individu poursuivi conduit à la modération ou à l'aggravation de sa peine. Chacun se doute que le récidiviste endure toujours davantage que le primo-délinquant (4). Le problème néanmoins est que toutes ces distinctions sur les faits délictueux et sur les personnes poursuivies obscurcissent nettement la compréhension du droit aux populations (5).

7. – Surtout que des garanties sont reconnues aux accusés (de crimes) et aux prévenus (de délits). Tant que la personne poursuivie n'est pas encore définitivement condamnée, elle bénéficie d'une présomption d'innocence. Dans ces conditions, il revient au ministère public (l'auteur des poursuites) de

---

1) Vincent EGÉA, De quelques notions clefs du droit de la famille au prisme du droit pénal, RTD civ. 2025. 313 ; Massil BENBOURICHE, Frédérique LE DOUJET-THOMAS et Christine DESNOYER, Les violences sexuelles dans la famille : quel traitement juridique ? AJ pénal 2020. 272.

2) Pierre MOUSSERON, Les immunités familiales, RSC 1998. 291.

3) Clotaire MOULOUNGUI, La solidarité familiale, L'Harmattan, 2004, 309 pages.

4) Véronique TELLIER-CAYROL, La récidive : de quelques paradoxes et incohérences, AJ pénal 2012. 64.

5) Hervé MOYSAN, L'accessibilité et l'intelligibilité de la loi, AJDA 2001. 428 ; Marc GUERRINI, L'accessibilité et l'intelligibilité de la loi, Droit social 2024. 110.

rapporter (aux juges indépendants) la preuve de la culpabilité de l'accusé ou du prévenu. En d'autres termes, la condamnation pénale ne saurait résulter de la seule émission de soupçons et, sans doute non plus, de l'invocation d'un faisceau d'indices (1).

8. – C'est ainsi que des années de recherche et des moyens conséquents sont-ils investis par la collectivité en vue d'aider à la manifestation de la vérité (2). À l'évidence, bien révolue est l'époque où, grâce à la torture ou à des mauvais traitements, des aveux complets s'obtenaient impunément de l'individu soupçonné (3). Encore que les jeunes générations se filment volontiers lors des exactions qu'ils commettent, puis se dénoncent quasiment en diffusant le film probatoire sur leurs réseaux sociaux. Il convient aussi de noter qu'aux USA « *les dérives dans la recherche de la preuve* » demeurent inquiétantes (4).

9. – Aujourd'hui, en France, outre qu'un médecin et un avocat participeront à la préservation de l'intégrité physique de la personne mise en cause (en garde à vue), de plus celle-ci jouit d'un droit au silence (5) ; d'un droit de ne pas s'auto-incriminer (6). Cependant, de telles protections et garanties

---

1) Antoine BLOCH, Au procès du « financement libyen » : « Le faisceau d'indices est une preuve comme une autre », D.A. 28 mars 2025.

2) Comme exemples : l'affaire de noyade du petit Grégory dans la Vologne et le naufrage du chalutier bugaled breizh au large des côtes britanniques.

3) Audrey DARSONVILLE, L'affaire Mis et Thiennot et la révision des condamnations pénales, AJ pénal 2023. 9.

4) Marie-Sophie BAUD, La manifestation de la vérité dans le procès pénal : une étude comparée entre la France et les États-Unis, Th. LGDJ, 2022.

5) Antoine BOTTON, Limites de l'exigence de notification du droit de se taire, RSC 2025. 425.

6) Pierre-Jérôme DELAGE, I - Principes directeurs de la procédure pénale, Le droit de ne pas contribuer à sa propre incrimination, source d'un aménagement de la charge de la preuve de la qualité à agir en nullité, RSC

exaspèrent les victimes et les commentateurs des faits divers (1). Apparemment, peu leur importe que l'accusé ou le prévenu ne soit pas encore un adulte.

2. – La protection de l'enfant lors de la chasse au crime.

12. – La magnanimité du Code pénal et du Code de procédure pénale joue plus encore en faveur des mineurs ; les mineurs d'âge bien sûr (2). Une minorité qui s'arrête à 18 ans et fait alors place à la pleine responsabilité civile. Néanmoins, en matière pénale, une sorte d'émancipation juridique pèse sur le jeune dès ses 16 ans ; voire à partir de 13 ans. Avant cet âge, aucune sanction pénale n'est à craindre par le petit. Même si une auteure avait cru pouvoir écrire (en 2007) qu'une « *frénésie répressive touche particulièrement les mineurs* » (3).

13. – Au fond, tout est question de discernement. C'est-à-dire, d'une part, la capacité de comprendre et vouloir l'acte délictueux en cause ; d'autre part, l'aptitude à comprendre la procédure pénale engagée (4). Selon la lettre même de la loi : « *Les mineurs de moins de treize ans sont présumés ne pas être*

2025. 101. Dominique BERLIN, Droit à la non-auto-incrimination et obligation de coopération à l'enquête : l'équilibre délicat, La Semaine Juridique Edition Générale n° 10, 8 mars 2021, act. 267.

1) Anne PORTMANN, Présence de l'avocat en garde à vue : pas d'exception systématique en matière de terrorisme, D.A. 18 octobre 2013 ; Patrick CHARIOT, L'intervention du médecin en garde à vue, AJ pénal 2004. 279.

2) Il existe désormais un Code de la justice pénale des mineurs.

3) L'opinion inverse aura déjà été rapportée en 2007 ; une époque où l'on aura pensé que : « *La réponse pénale devrait s'accélérer sous l'effet d'une nouvelle procédure de présentation immédiate devant la juridiction pour mineur* » (Virginie GAUTRON, La fin de la singularité du modèle français de prévention de la délinquance, AJ pénal 2007. 205).

4) Code de la justice pénale des mineurs, article L11-1, alinéa 1.

capables de discernement. Les mineurs âgés d'au moins treize ans sont présumés être capables de discernement » (1). Cette distinction protectrice des jeunes contredit l'excessive crainte d'un manque d'empathie ou d'humanité envers eux (2).

14. – Autrefois, la réaction pénale était d'une particulière rigueur à l'encontre des jeunes délinquants aussi. Il suffit en effet de songer à : « *Mettray, Aniane, Belle-Ile-en-Mer ... Ces noms évoquent une période particulièrement sombre de l'histoire pénitentiaire. Au sein de ces colonies, enfants et adolescents ont été soumis, pendant un siècle, à un traitement souvent violent, mêlant travail harassant, sévices et privations. Ces « bagnes pour enfants », très critiqués mais jamais vraiment réformés, disparaissent en 1945, date qui marque un changement complet de paradigme pour la prise en charge de la délinquance juvénile* » (3).

15. – Le problème est que presque tous les vieux (dans le monde) trouvent la jeunesse comme étant ignorante, ingrate et violente. C'est vrai que les blessures physiques ou psychologiques vécues durant les âges avancés de la vie proviennent d'individus forts et insouciants (c'est-à-dire de jeunes gens). Encore que dans quelques contrées lointaines les cheveux blancs témoignent encore d'une sagesse appelant solidarité familiale et crainte révérencielle (4).

16. – En revanche, et à croire des chercheurs canadiens, le doute ne serait point permis « *dans la plupart des pays occidentaux qui sont aux prises avec une panique morale au sujet du*

---

1) Code de la justice pénale des mineurs, article L11-1, alinéa 2.

2) Sophie Diehl, Un enfant en conflit avec la loi est un enfant qui relève de la protection de l'enfance, AJ pénal 2025. 223.

3) https://www.enap.justice.fr/histoire/colonies-penitentiaires-pour-mineurs.

4) Youssef GUENZOUI, La crainte révérencielle, D. 2010. 984 ; Georges LEVASSEUR, Viol d'un mineur par son père, RSC 1993. 781.

comportement de leur population juvénile » (1). D'ailleurs, indique une auteure argentine (et sa traductrice) : « *Quand on parle d'insécurité et de délinquance, les adolescents et les jeunes sont pointés du doigt et désignés comme les archétypes du danger en la matière* » (2).

17. – Par ailleurs, des spécialistes autoproclamés de la délinquance juvénile avaient prophétisé (pour les années 2000) une démultiplication de jeunes délinquants "*super-prédateurs*" (3). Ce qui (Dieu merci) ne sera jamais arrivé chez nous ; ou pas encore ! Il n'empêche que la France aura hésité à faire revenir sur son territoire les enfants de ses nationaux djihadistes partis en Syrie (4). Elle aura anticipé la dangerosité de ces enfants ("*futures bombes humaines*") à l'instar de leurs géniteurs, terroristes indifférents au bien-être et à la vie d'autrui (5).

18. – Cela étant, compte tenu de diverses excuses, l'accusé ou le prévenu échappe parfois à la peine prévue. Toutefois, cette possible exonération pénale ne neutralise pas

---

1) Stéphane LEMAN-LANGLOIS, Doob et Carla CESARONI, Responding to Youth Crime in Canada, RSC 2005. 445.

2) Silvia GUEMUREMAN et Maryse ESTERLE, La délinquance juvénile et son traitement judiciaire en Argentine, RSC 2014. 227. Il s'agit d'un pays autrefois puissant, mais désormais redescendu dans le groupe du tiers monde. Son opinion publique (abreuvé par les médias et les réseaux sociaux) redoute l'insécurité consécutive à la délinquance des jeunes.

3) Stéphane LEMAN-LANGLOIS, Doob et Carla CESARONI, préc.

4) Florence MERLOZ, La question inédite du rapatriement des familles françaises de djihadistes devant la CEDH, D.A. octobre 2021 ; Julie Alix, Radicalisation et droit pénal, RSC 2020. 769.

5) https://www.huffingtonpost.fr/international/article/ces-enfants-soldats-enroles-par-daech-appeles-bombes-a-retardement-je-les-ai-rencontres_150300.html. https://www.diplomatie.gouv.fr/fr/dossiers-pays/syrie/evenements/actualites-2022/article/rapatriement-d-enfants-et-de-meres-du-nord-est-syrien-05-07-22.

systématiquement le droit pour la partie civile (la victime) de réclamer des dommages-intérêts (1). Dans ces conditions, le mineur en assumera éventuellement (2). Sachant qu'il pourrait être riche et assuré, tandis qu'au contraire sa victime manquerait de pareilles protections patrimoniales (3).

19. – Comment donc réagir (ou de quelle façon procéder peut-être à l'avance) pour préserver la société des méfaits des mineurs ? D'ailleurs, quels sont-ils exactement ? Sans doute un panorama, même bref, de leurs sombres exploits se conçoit-il pour commencer (Section 1). Puis viendra la constatation de l'impuissance des adultes, lesquels se perdent trop souvent en disputes stériles sur la réaction aux agissements des jeunes (Section 2).

117. – Les sciences exactes ont ceci de reposant qu'une fois qu'une vérité est établie, elle est acceptée dans le monde entier jusqu'à ce qu'une démonstration nouvelle impose un abandon ou une révision. Or, à l'inverse, en sciences humaines et sociales la discussion est permanente et byzantine. Du reste, bien souvent, « *une notion byzantine chasse l'autre* » (4).

---

1) « *Compatible avec l'obligation de réparation, la folie ne l'est plus avec la sanction, elle appelle le traitement, non le jugement* » (Catherine SEVELY, Réflexions sur l'inhumain et le droit, RSC 2005. 483).

2) Code civil, art. 414-3, anc. 489-2, transféré en 2007. Il y a bientôt une cinquantaine d'années que cette idée aura été admise lors du mandat présidentiel de Valéry GISCARD D'ESTAING.

3) Hobinavalona RAMPARANY et Anne SCATTOLIN, Quelques réflexions sur l'assurabilité des sanctions pécuniaires relevant de la matière pénale, RGDA nov. 2023, n° RGA201p1.

4) Émeric JEANSEN, Des avantages individuels acquis au maintien de la rémunération annuelle, une notion byzantine chasse l'autre, JCP S 2016. 1420.

118. – Même une décision du Conseil constitutionnel s'expose à la critique, y compris par de parfaits ignorants, alors pourtant qu'elle s'impose à toutes les autorités publiques (1). Certes un professeur de droit a cru pouvoir se demander si le droit n'était pas une science exacte. Car « *quoi de plus exact, à un moment donné, qu'un texte législatif ou réglementaire clair* » (2).

119. – Hélas son optimisme est vain en matière de délinquance juvénile, les controverses y étant légion. On pourrait les subdiviser en deux ; avec d'un côté celles qui concernent les causes de cette délinquance (§ 1) ; et de l'autre côté, les controverses relatives aux meilleures mesures pour l'atténuer ou même pour la faire disparaître (§ 2).

I. – Les causes discutables de la délinquance juvénile

125. – Pendant l'été 2025, la France aura enduré diverses calamités souvent indépendantes de la volonté de ses enfants (3). Mais, parallèlement, elle aura déploré au moins trois variétés de souffrances cette fois imputables à ceux-ci. À savoir : les balles perdues des vendeurs de drogue ; les tirs des mortiers d'artifice ; les rodéos urbains.

126. – De ces enfants (souvent des adolescents), sans doute doit-on dire qu'ils constituent de la mauvaise graine (4). Certes,

---

1) Constitution, article 62, alinéa 3 : « *Les décisions du Conseil constitutionnel ne sont susceptibles d'aucun recours. Elles s'imposent aux pouvoirs publics et à toutes les autorités administratives et juridictionnelles* ».

2) Didier GUÉVEL, Le droit : une science exacte (?), D. 2017. 1465.

3) Par exemple les incendies de forêts et le feuilleton Trump de l'augmentation des droits de douane.

4) Laurence GARNERIE, Atteintes aux forces de l'ordre, réponse pénale et moyens de la justice, Gaz. Pal. 1 juin 2021, n° 422m0, p. 8.

pour leur défense, alors peut-être invoqueront-ils de vivre en général dans un terreau propice à la délinquance juvénile (A.). Dans ces conditions, la fin de la période estivale (et donc des vacances scolaires) n'apportera sûrement pas d'accalmie au pays. Car les jeunes en question se livrent volontiers à l'école buissonnière, laquelle ressemble à un engrais facilitateur de la perpétration d'infractions (B.).

A. – Le terreau de la délinquance des jeunes.

127. – Il est difficile de jauger l'âme du jeune délinquant en vue de comprendre sans conteste ce qui l'aura mu. Si certains motifs renvoient à la folie et à l'esprit criminel, d'autres paraissent plus terre à terre.

1. – La folie juvénile et l'esprit criminel de l'humain.

128. – Nul jamais n'entreprend de raisonner un dément ; non, personne n'envisage de lui demander des comptes. Or la science invite à reconnaître que l'adolescence est une période où le cerveau subi des transformations. Et certaines d'entre elles transportent parfois le grand enfant sur les rivages de la folie. Par conséquent, face à l'attitude erratique d'un adolescent, la réaction devrait toujours de garder à l'esprit la probabilité d'une parenthèse démentielle en sa personne.

129. – En fait, aura soutenu un pédopsychiatre dans un média de vulgarisation : « *avec les adolescents, on est toujours dans la brutalité des émotions. Mais il ne faut pas confondre maladie mentale et coup de folie. Ils peuvent avoir un coup de folie sans être fous. Quand on fait l'idiot au volant d'une voiture, est-ce de la folie ? L'adolescence, c'est le moment de la vie où l'on «délire» le plus. On est fou à cet âge pour ne pas l'être plus tard. Tous les ados ont des moments de folie, d'agressivité*

qu'ils peuvent retourner contre eux ou contre les autres. Par exemple, quand un jeune nous insulte, c'est un moment de folie » (1).

130. – En présence de débordements puérils, la Droite manifeste presque toujours un furieux ressentiment, tandis qu'au contraire la Gauche exprimera un sentiment de bienveillante relativisation. On lit à cet égard ceci dans un média de travailleurs sociaux : « *Attention à ne pas faire des jeunes nos ennemis intérieurs, prévient la sociologue Maryse Esterle-Hedibel* » (2).

131. – Un auteur ose même souligner que « *l'infraction est subie* » ; après s'être posé la question de savoir s'il est « *réellement possible d'expliquer le passage à l'acte infractionnel* » (3). Il s'agit-là d'une relativisation parfois désespérante et/ou inquiétante.

132. – Certes, l'acceptation fataliste des méfaits juvéniles vient de la conscience que tout enfant renfermerait les germes de la

1) Marcel RUFO, Adolescence et coups de folie, L'Express 2004, https://www.lexpress.fr/actualite/societe/adolescence-et-coups-de-folie_487981.html). Didier LAURU, « Moments de folie à l'adolescence », dans : Patrick DELAROCHE éd., Peut-on devenir fou ? Toulouse, Érès, « Le Bachelier », 2004, p. 59-69. DOI : 10.3917/eres.delar.2004.01.0059. URL : https://www.cairn.info/---page-59.htm.

2) https://www.ash.tm.fr/magazine/2098/les-acteurs/jeunes-et-violences-il-faut-relativiser-389614.php#.

3) Julien FAIDHERBE, La rationalité pénale à l'épreuve des violences, GPL 3 oct. 2023, n° GPL454d1. Selon lui : *« Il s'agit d'une situation de non-choix. Particulièrement confronté aux violences volontaires, le maintien d'une pensée juste et rationnelle est bien souvent malmené. La société française est dotée d'un système répressif qui favorise la prise en compte des facteurs endogènes et exogènes de l'individu. Cette action inclusive permet à la rationalité pénale de s'accomplir plus justement »*.

violence ; et d'ailleurs toute société humaine aussi (1). À cet égard, pour Émile DURKHEIM : « Le *crime est normal, parce qu'une société qui en serait exempte est tout à fait impossible* » (2).

133. – D'ailleurs une institution pourtant peuplée de technocrates raisonnables tient un discours proche de celui de ce père de la sociologie (3). En effet, pour celle-ci comme pour celui-là, malgré sa tête d'angelot, un enfant incarnerait un potentiel de méchanceté.

134. – Hélas, les choses ne s'arrangent pas forcément avec le temps. Dès lors, est-il soutenu : « *Donner toujours plus de moyens aux policiers, à l'autorité judiciaire pour surveiller ne va pas faire disparaître la délinquance, la criminalité n'a disparu d'aucune société, à aucun moment de l'histoire* » (4). Surtout si l'on ne s'attaque pas à certains facteurs liés à la pauvreté, à la santé, etc.

---

1) Sans doute admettent-ils la sanction dans certains cas. Mais, timidement ; car ils craignent que celle-ci se révèle finalement contreproductive. Cf. Catherine SEVELY, Réflexions sur l'inhumain et le droit, RSC 2005. 483.

2) Émile DURKHEIM, Le crime, phénomène normal, 1894. Plus haut (n° 25), nous avons vu que John LOCKE expliquait par le besoin de découverte l'éventration de ses poupées ou d'animaux par l'enfant.

3) La rapport de la Cour des comptes sur les polices municipales d'octobre 2020 s'inquiète du gouffre financier constitué par les dispositifs de vidéo protection, « *dont rien ne démontre que leur déploiement a permis de faire baisser les taux de délinquance ou d'augmenter les taux d'élucidation* ».

4) Florence CREUX-THOMAS, Sécurité globale, de quel droit ? La Semaine Juridique Edition Générale n° 13, 29 mars 2021, 344.

2. – La précarité socioéconomique et psychanalytique.

140. – La délinquance des enfants est aussi expliquée au moyen de notions psychanalytiques. Celles-ci édifieront ou fâcheront sans doute le lecteur (1). Car il semblerait que « *les jeunes délinquants, en raison des ruptures symboliques subies par leurs parents ou même par les générations d'avant, ont fait l'objet d'un vœu de mort inconscient de la part de leurs géniteurs. Ainsi, inconsciemment et n'en voulant rien savoir, le jeune délinquant s'adresse, par ses actes délinquants symptomatiques, à la justice comme un fils mort pour assurer la vengeance de ce désir de mort de ses parents, pour se faire rendre justice d'une injustice originaire dont il a été l'objet* » (2).

141. – L'auteur de l'argumentaire ci-dessus conclut alors que : *« si la société et son surmoi social ne veulent rien savoir non plus de ce processus inconscient, le résultat en est catastrophique, car le passage à l'acte est si inconsciemment justicier que son jugement et la condamnation qui s'ensuivent n'apportent encore que plus d'eau au moulin du sentiment inconscient d'injustice de son auteur* » (3).

142. – Mais peut-être le lecteur préférera-t-il l'appel à des facteurs cognitifs comme justifications factuels du crime, ou de la criminalité. Effectivement, « *les résultats de différentes études suggèrent que les enfants ou les adolescents passant à l'acte présentent souvent des problèmes de colères, peu d'empathie, peu de self-control et un quotient intellectuel peu élevé. Un mineur présentant ces caractéristiques peut ne pas avoir*

---

1) Philippe CHAILLOU, Justice en situation - « Morts ou vifs », Les cahiers de la justice 2021. 693).

2) Idem.

3) Ibidem.

conscience des conséquences de ses actes, même lorsqu'il commet un acte aussi grave qu'un homicide » (1).

143. – Le discours psychanalytique précédent imputait le passage à l'acte à la famille qui en serait la cause ; souvent à son corps défendant (donc involontairement, inconsciemment). Néanmoins, il lui appartient de sortir sa progéniture de l'éventuel état de sauvageon grâce à l'éducation et à la socialisation. Mieux, la loi désigne « *les père et mère* » comme devant répondre des dommages causés aux tiers par leurs rejetons (2).

144. – Toutefois, et de manière exceptionnelle, d'autres personnes (publiques ou privées) peuvent devoir assumer civilement les méfaits de l'enfant qui leur aura été confié (3). Par exemple, « *l'autorité municipale vient subroger des parents démissionnaires qui "ont perdu l'autorité sur leurs enfants" et sont incapables d'assurer leur sécurité au nom de leur devoir de garde, de surveillance et d'éducation* » (4).

145. – En vérité, L'État lui-même a mis en place (et confié aux Départements) l'ASE, l'Aide sociale à l'Enfance, laquelle est une institution bien connue, mais diversement appréciée (5). Toutefois, il y aurait « *un manque d'implication chronique de l'État et*

---

1) Aurélien LANGLADE, Keltoume LARCHET et Sahana RATTINAM, Les homicides commis par des mineurs : cadres explicatifs et enjeux criminologiques, AJ pénal 2025. 224.

2) C'est l'une des variétés de responsabilités du fait d'autrui, ici plus précisément responsabilité parentale. Elle est prévue depuis 1804 par le Code civil ; désormais à son article 1242.

3) Claire NEIRINCK, Enfance, in Répertoire de droit civil, octobre 2016, n° 913.

4) Gilles ARMAND, Le couvre-feu imposé aux mineurs : une conception nouvelle de la sécurité, AJDA 2002. 351.

5) Manuela BRILLAT, La protection du mineur placé : la France est condamnée par la CEDH, D.A. 14 novembre 2022.

un engagement très variable des départements conduisant à des inégalités de chances très significatives » (1).

146. – En général, les sociologues préfèrent la dénomination de déviant à celle de délinquant, laquelle apparait juridiquement connotée (2). Dans les deux cas toutefois, il est question d'un jeune au mieux perturbateur de la vie collective (à l'école et/ou en ville). Il se comporterait de la sorte du fait de la défaillance de la famille en matière de socialisation de sa progéniture.

147. – Par conséquent, a-t-on pu penser, cet enfant « *transporte avec lui toute la précarité et l'instabilité du monde social environnant. Il est, selon le mot d'un ministre de l'Intérieur néo-républicain en 1998, un "sauvageon", qu'il convient de confronter au plus vite aux exigences de la civilité républicaine et nationale* » (3). Autrement dit, les termes sauvageons, jeunes, barbares ou ensauvagement se rapportent à un manque « *d'intégration des dispositions physiques requises pour faire partie de la société, traduisant la persistance d'un état primitif ou instinctif* » (4).

148. – Est-il bien fondé d'ainsi prétendre que les jeunes ne sont pas socialisés ? La réponse négative ne fait pas de doute. Car

---

1) Emmanuelle MAUPIN, La protection de l'enfance laissée à l'abandon, AJDA 2025. 688.

2) La synonymie se retrouve quasiment dans cette phrase proclament que : « *Une entreprise dont le nom est associé directement ou indirectement à un comportement déviant ou délinquant risque de perdre des parts de marché* » (Gabrielle RABANY, Travail dissimulé, D. 2000. 92).

3) Bertrand GEAY, « Du « cancre » au « sauvageon ». Les conditions institutionnelles de diffusion des politiques d'« insertion » et de « tolérance zéro » », Actes de la recherche en sciences sociales, 2003/4, n° 149.

4) Étienne DOUAT, La construction de l'absentéisme scolaire comme problème de sécurité intérieure dans la France des années 1990-2000, Médecine & Hygiène | « Déviance et Société », 2007/2 Vol. 31 | pages 149 à 171, https://www.cairn.info/revue-deviance-et-societe-2007-2-page-149.htm.

tout enfant appartient à plusieurs sociétés et à divers cercles, lesquels présentent parfois des intersections entre eux. Or quand l'adolescent évolue au sein de son groupe de foot (ou de rollers, ou de hip hop, etc.) il en adopte les codes et les attitudes. Dans ces conditions, puisqu'il maîtrise le savoir-faire et le savoir-être des membres standards du groupe en question, son intégration dans celui-ci saute aux yeux.

149. – Concédons toutefois que cette socialisation-là compte peu ; parce que trop éloignée des canons définis par les prescripteurs institutionnels (1). D'autant plus qu'il conviendra quelquefois de déplorer « *la dynamique groupale soulignée par des études sur la criminalité juvénile qui soulignent la dimension intégratrice associée à la commission de certaines infractions* » (2). Il vaut mieux s'assimiler aux meilleurs groupes possibles. En principe l'école en offre aux jeunes soucieux de la fréquenter assidûment.

B. – L'absentéisme scolaire comme engrais des forfaits.

153. – Pour commettre des infractions, les jeunes délinquants ont besoin de disposer de temps libre. Ils s'en offrent en s'absentant de l'école. L'on se demande pourquoi donc choisissent-ils l'absentéisme. Sans compter que celui-ci pourrait ne pas conduire à la délinquance.

---

1) Étienne DOUAT, L'absentéisme scolaire : une étude sociologique, Th. sociologie, Paris 5, 2005.

2) Aurélien LANGLADE, Keltoume LARCHET et Sahana RATTINAM, Les homicides commis par des mineurs : cadres explicatifs et enjeux criminologiques, AJ pénal 2025. 224.

1. – La pluralité de motifs de l'absentéisme scolaire.

154. – Originellement, les autorités publiques redoutaient la déscolarisation parce que nuisant aux chances d'insertion professionnelle des déserteurs de salles de classe (1). Or l'on « se *préoccupe de plus en plus aujourd'hui de l'absentéisme essentiellement au nom de son lien réel ou supposé avec la délinquance ou les « incivilités »* » (2).

155. – L'une des preuves de cette affirmation est la proclamation gouvernementale selon laquelle : « *l'École ne laissera plus aucun élève courir le risque de la déscolarisation, prélude à la désocialisation et, parfois même, à la délinquance* » (3).

156. – Le Parlement, lui aussi, établit un lien entre l'absentéisme scolaire et le banditisme. De sorte que la loi relative à la prévention de la délinquance ouvre aux maires la faculté de recommander un accompagnement parental aux représentants légaux des mineurs à cause desquels « *l'ordre, la sécurité ou la tranquillité publics sont menacés à raison du défaut de surveillance ou d'assiduité scolaire* » (4).

---

1) Clotaire MOULOUNGUI, L'absentéisme dans les formations, préf. Catherine COUTURIER, Didactijuris, 2025.

2) Étienne DOUAT, La construction de l'absentéisme scolaire comme problème de sécurité intérieure dans la France des années 1990-2000, Médecine & Hygiène | « Déviance et Société », 2007/2 Vol. 31 | pages 149 à 171, https://www.cairn.info/revue-deviance-et-societe-2007-2-page-149.htm.

3) Circulaire interministérielle n° 2014-159 du 24 décembre 2014 relative à la prévention de l'absentéisme scolaire, BOEN n° 1, 1er janv. 2015.

4) Code de l'action sociale et des familles, art. L141-2. Issu de la loi n° 2007-297 du 5 mars 2007 relative à la prévention de la délinquance, art. 9. Puis, si nécessaire, le président du conseil départemental devait reprendre le dossier de la famille récalcitrante en vue d'une « *mesure d'accompagnement en économie sociale et familiale* ». Une immixtion

157. – Mais pourquoi donc ces jeunes sèchent-ils les cours, et ensuite se livrent à des larcins ? Il semblerait que la pauvreté de la famille influe fortement dans une pareille substitution d'activités. De plus, la pauvreté économique chemine de concert avec la pauvreté intellectuelle (1). L'une et l'autre s'influencent ; surtout pour le pire. Il est néanmoins précisé que : « *la culture a un impact sur la pauvreté ; mais pas à cause d'une culture de la pauvreté* » (2).

158. – L'absentéisme scolaire repose par ailleurs sur l'inutilité apparente de l'école (3). Mieux, à croire une revue de lecture (d'une enseignante-chercheure), les absentéistes sont souvent les cadets de fratries dont les aînés relèvent de la malheureuse catégorie des diplômés chômeurs (4). Ces cadets doutent conséquemment de l'intérêt de fréquenter avec assiduité les bancs des lycées et collèges.

159. – Ainsi que l'ont écrit deux députés, dont une professeure des universités, « *l'absentéisme, qui est le fait de mineurs ne trouvant pas leur place dans l'institution* » (5). Dans ces conditions, et faute de sources honnêtes et consistantes de

---

assumée dans l'usage des revenus peut-être exclusivement publics de cette famille.

1) https://www.lorientlejour.com/article/1018085/et-si-la-veritable-pauvrete-etait-la-misere-intellectuelle-.html.

2) Michael WALTON, La culture a un impact sur la pauvreté ; mais pas à cause d'une culture de la pauvreté, https://shs.cairn.info/revue-afrique-contemporaine1-2008-2-page-133?lang=fr.

3) https://www.maxpiccinini.com/pourquoi-lecole-ne-sert-plus-a-rien-5-raisons/

4) Maryse ESTERLE-HEDIBEL, absentéisme, déscolarisation, décrochage scolaire, les apports des recherches récentes, Médecine & Hygiène, Déviance et Société », 2006/1 Vol. 30, pages 41 à 65, https://www.cairn.info/revue-deviance-et-societe-2006-1-page-41.htm).

5) Jean-Pierre BALDUYCK et Christine LAZERGES, Réponses à la délinquance des mineurs, RSC 1998. 610.

revenus, ils optent pour la petite délinquance ; tout au moins pour commencer.

160. – Ainsi, dans les quartiers populaires, le découragement scolaire et l'abandon des études relèvent de l'ordre des choses. Apparemment, les élèves de ces milieux-là souffrent d'un déterminisme social les rendant moins efficaces dans les apprentissages que les jeunes des catégories sociales aisées (1). C'est une constatation également faite en Espagne (2).

161. – En outre, être basané prédispose selon toute apparence à l'échec scolaire et, sûrement, à subir la discrimination. En clair, « *tout se passe comme si chez les étudiants d'origine populaire, c'étaient les enfants d'immigrés originaires du Maghreb ou d'Afrique, dont les parents sont deux fois plus souvent ouvriers non qualifiés ou sans profession que la moyenne, et quasiment jamais cadres ou professions intermédiaires, qui étaient les moins assidus et présents à l'examen* » (3).

162. – Heureusement que les enseignants se mobilisent contre les stéréotypes, et (ils) se montrent partisans du progrès au moyen du mérite républicain (4). Pour leur part, les

---

1) DUBET, DURU-BELLAT, 2000, préc. 104-105).

2) Garcia GRÀCIA, 2003, 11 ; cité par Maryse ESTERLE-HEDIBEL, absentéisme, déscolarisation, décrochage scolaire, les apports des recherches récentes, Médecine & Hygiène, Déviance et Société », 2006/1 Vol. 30, pages 41 à 65, https://www.cairn.info/revue-deviance-et-societe-2006-1-page-41.htm.

3) Charles SOULIÉ, L'adaptation aux "nouveaux publics" de l'enseignement supérieur : auto-analyse d'une pratique d'enseignement magistral en sociologie, Presses de Sciences Po (P.F.N.S.P.) | « Sociétés contemporaines », 2002/4 no 48 | pages 11 à 39, https://www.cairn.info/revue-societes-contemporaines-2002-4-page-11.htm).

4) « *D'une manière générale, le concours d'agrégation [des facultés de droit] constitue un bel exemple des concours à la française, illustration du mérite républicain, qui doit absolument être conservé... voire étendu à d'autres*

journalistes et les personnalités politiques de droite vont au-delà de la constatation d'un lien (presque de causalité) entre l'absentéisme scolaire et la délinquance juvénile. Ils rajoutent parfois l'existence d'une influence intrinsèque et délétère des quartiers populaires.

163. – Là-bas, les parents seraient trop souvent défaillants, c'est-à-dire « *volontairement démissionnaires* » (1) ; tautologie bien sûr (2). L'idée est que (livrés à eux-mêmes) leurs enfants rechigneraient alors, sans crainte, à aller se soumettre aux (difficultés des) apprentissages scolaires. À croire précisément un trio d'auteurs, « *une personne qui naît dans une famille pauvre, habitant un quartier défavorisé, aura plus de risque d'avoir un contrôle social formel et informel moins développé pouvant favoriser le comportement criminel* » (3).

164. – Voilà pourquoi les « *internats d'excellence* » que Nicolas SARKOZY avait autrefois fait miroiter auraient pu aider nombre de jeunes désireux d'étudier et de s'extraire de leur apparente destinée (4). C'est du reste contre une pareille assignation (identitaire, géographique, culturelle, etc.) que le président Emmanuel MACRON a toujours prétendu lutter en renforçant l'égalité des chances (5). Justement, encore faut-il

---

disciplines ! » (Rémy CABRILLAC, Retour sur le concours d'agrégation de droit privé et sciences criminelles, D. 2024. 1456).

1) Judith ROCHFELD, Contrat de responsabilité parentale, RTD civ. 2006. 395).

2) Puisqu'une démission (une renonciation) forcée serait plutôt une extorsion.

3) Aurélien LANGLADE, Keltoume LARCHET et Sahana RATTINAM, Les homicides commis par des mineurs : cadres explicatifs et enjeux criminologiques, AJ pénal 2025. 224.

4) Séverine BRONDEL, Mesures annoncées pour une égalité réelle, AJDA 2008. 2371.

5) Cour administrative d'appel de Lyon, 17 juin 2021, Le contrôle de l'assignation à résidence peut inclure des enfants mineurs, AJDA 2021. 2498.

que les intéressés veuillent bien saisir leur chance (1). Dans ce cadre, l'absentéisme est un coup porté à soi-même.

2. – L'effet de l'absentéisme sur l'oisiveté et la pauvreté.

170. – Peut-on attendre du bon de la part d'enfants qui désertent les bancs de l'école pour des endroits où ils ne devraient pas se trouver ? Poser cette question (désespérée ou désespérante) revient nécessairement à confesser un préconçu sur la réponse attendue. Laquelle soupçonne de tels enfants de manquer d'éducation de base. Une éducation qu'ils ne sauraient rattraper en squattant des halls d'immeubles, ou bien en fréquentant des terrains vagues, ou encore en déambulant dans les rues et places (2). C'est ainsi que la pratique de l'école buissonnière présagerait la naissance du sauvageon, de même que son engagement dans la voie délictueuse.

171. – En tous cas, l'absentéisme offre de nombreuses perspectives d'amusement. De plus, des gains adviennent aux intéressés grâce à de menus larcins ou à des trafics davantage criminels. Cette vision amalgamée de la pauvreté, de l'absentéisme et de la délinquance est dite ''*réactionnaire*'' ; ce serait un ''*snobisme de classe*'' (3). Précisément, l'absentéisme

1) https://www.lemonde.fr/politique/article/2021/01/15/macron-veut-relancer-l-egalite-des-chances_6066399_823448.html. Voir auparavant la loi « Macron » n° 2015-990 du 6 août 2015 pour la croissance, l'activité et l'égalité des chances économiques.

2) https://www.resovilles.com/retour-sur-la-penalisation-des-attroupements-dans-les-parties-commune-afd/ ; https://rmc.bfmtv.com/actualites/societe/c-est-un-enfer-ils-passent-leurs-nuits-dans-leur-hall-d-immeuble-pour-eviter-d-etre-squattes_AV-202302090267.html.

3) https://www.questionsdeclasses.org/conscience-de-classe-vs-colere/

des enfants des beaux quartiers n'est presque jamais stigmatisé par les médias.

172. – À croire la majorité parlementaire du président Nicolas Sarkozy, l'absentéisme devait être regardé comme "*un fléau social*" appelant « *des mesures de protection collective* » de nature à résorber l'insécurité et la délinquance (1). C'est une différence par rapport à une époque où l'élève absentéiste constituait une victime à protéger (2).

173. – L'élève absentéiste et, plus encore, l'élève déscolarisé s'ennuie ; probablement par manque d'activité dans sa journée. Il se retrouve donc en situation d'oisiveté. Or, avait soutenu un auteur d'autrefois (sans doute partisan de l'intégration sociale) : « *L'oisiveté est la mère de tous les vices* » (3). Par conséquent, la personne qui se jetterait à corps perdu dans le travail (au point peut-être de s'abrutir) oublierait temporairement ses soucis divers de même que ses fantasmes délictueux.

174. – Des recherches (beaucoup plus récentes) ont conclu que le taux de délinquance diminuerait de moitié pour les décrocheurs scolaires qui se raccrochent à un travail

---

1) André LEGRAND, La sanction de l'absentéisme scolaire, La Semaine Juridique Administrations et Collectivités territoriales n° 39-40, 27 septembre 2010, act. 686.

2) Il s'agit alors dorénavant « *de mieux les repérer et de les surveiller* » (Julie COURONNÉ, Le traitement des manquements à l'obligation scolaire : enjeux et recompositions entre Éducation nationale et Protection de l'enfance, Th. Sociologie, Paris CNAM, 2015).

3) C'est Alexandre DUMAS (fils). Son père, Thomas Alexandre Davy de La Pailleterie, dit le général Dumas, fut le premier mulâtre à devenir général de l'armée française. Mais il aura ensuite souffert (beaucoup plus que d'autres) de l'épuration que l'armée a connue sous le Consulat. Il mourut ruiné. Curieusement, son richissime fils ne se révéla nullement très économe…

rémunéré (1). Dans ces conditions, un reflux de la délinquance des jeunes devrait découler du succès actuel de l'apprentissage (2).

175. – Les enfants des classes supérieures, lesquels habitent les beaux quartiers, échappent-ils pour autant à la tentation de l'absentéisme ? Aucune réponse scientifiquement étayée n'existe ; parce que l'absentéisme scruté par les chercheurs est plutôt celui des zones d'éducation prioritaire (3).

176. – Ce manque d'enquête s'explique peut-être aussi par l'impression de petitesse de l'échantillon utilisable. De plus, les jeunes bourgeois ne vivent pas sans argent dans de petits logements surpeuplés. Même si « *naître avec une cuillère en argent dans la bouche ne signifiera plus que l'on pourra la garder* » (4). Il n'empêche qu'aux rues et places, ces absentéistes-là préféreront leurs piscines privées, leurs courts de tennis, leurs home-cinéma, etc.

177. – À supposer qu'ils en sortent (pour des lieux publics), ce sera pour des sites et des occupations inaccessibles aux pauvres ; parce que payants (restaurants, pubs, cafés, cinémas, etc.). L'idée est que ces jeunes-là aussi se causent personnellement du tort en boudant l'école. Toutefois, eux au moins ne troublent pas l'ordre public (5).

---

1) PRONOVOST, LEBLANC, in JANOSZ et LE BLANC, 1996, 65.

2) Sébastien BOTERDAEL, Le cadre juridique de l'apprentissage depuis 2018 : désentraver, libéraliser, réguler, Droit social 2025. 307.

3) Idem.

4) Jérémy HOUSSIER et Valérie AVENA-ROBARDET, Le privilège des derniers nés, AJ fam. 2018. 135.

5) Le lecteur rétorquera à juste titre que les forces de l'ordre (les CRS et les gendarmes mobiles) se retrouvent bien souvent aux prises avec des jeunes prétendument intégrés que l'on accuse d'appartenir à l'extrême-gauche. Cf.

178. – Le temps libre procuré par l'échec scolaire et l'abandon consécutif des études préoccupent les services sociaux et les forces de l'ordre. Celui des adultes défavorisés suscite également l'inquiétude. Car, pense-t-on, les pauvres s'adonneront (en public) à des beuveries, à des outrances, voire à de plus graves agissements réprouvés par le droit pénal (1). Au contraire, les riches (eux) iront en villégiature pour profiter du temps libéré.

II. – La fermeté voulue contre les mineurs

182. – « *La jeunesse fait peur par son caractère déviant et la nature des réponses à lui apporter fait polémique : la répression s'oppose à l'éducation* » (2). L'auteur de cette phrase l'a écrite dans un article où il se demande si la réparation pénale ne serait pas une nouvelle utopie. D'ailleurs, peut-être doit-on y inclure la fermeté recherchée notamment dans la tolérance zéro et dans l'encadrement militaire des jeunes déviants (A.). Mais de pareilles mesures apparemment anti-jeunes déplaisent à la Gauche. Elle les démonte alors à l'envie (B.).

Olivier LE BOT, Loi anti-casseurs : censure des interdictions administratives de manifester, Constitutions 2019. 241.

1) Nicolas BAVEREZ, cité Étienne DOUAT, La construction de l'absentéisme scolaire comme problème de sécurité intérieure dans la France des années 1990-2000, Médecine & Hygiène | « Déviance et Société », 2007/2 Vol. 31 | pages 149 à 171, https://www.cairn.info/revue-deviance-et-societe-2007-2-page-149.htm.

2) Jeanne CLAVEL, La réparation pénale : une nouvelle utopie ? AJ pénal 2012. 326.

A. – La tolérance zéro et l'encadrement militaire

183. – La fermeté recherchée contre les mineurs délinquants conduit à négliger dorénavant la rééducation de ces derniers. La sévérité des autorités prend alors diverses formes, dont l'amende, le couvre-feu et l'apprentissage.

1. – Le recul de la rééducation au profit de la fermeté.

184. – Il convient d'emblée de reconnaître que Jules FERRY et ses divers successeurs n'ont certainement jamais osé espérer nos actuels taux (si élevés) de scolarisation et de réussite au bac. Il se trouve que l'instruction (l'éducation) parvient à son apogée en France. Et pourtant la délinquance juvénile subsiste. Dans ces conditions, songer à une philosophie de rechange (à cette l'école civilisatrice ou pacificatrice) ne se comprendrait-il pas ? Peut-être la nouvelle prise en charge des jeunes délinquants se révèlerait-elle plus efficace que l'éducation et la rééducation aujourd'hui prônées.

185. – De fait, le personnel politique (surtout dans l'opposition) dénonce la quantité (massive) et la gravité (effrayante) des infractions des jeunes. Dans la foulée, ces politiciens fustigent tout autant le (prétendu) laxisme des magistrats (1). Quelques uns d'entre eux donnent même à la justice pénale le sobriquet de '*'porte tournante*' ; vu que les prévenus y entreraient pour aussitôt en ressortir, après un tour de la porte sur elle-même.

186. – Au fond, à partir de quand les autorités publiques devraient-elles prendre les mesures abortives de la délinquance des enfants ? Réponse : le plus tôt possible. À cet égard, le Président Nicolas SARKOZY avait choqué en

---

1) Christian GUÉRY, Une détention provisoire exceptionnelle... mais souhaitable, AJ pénal 2004. 238.

suggérant d'identifier les ferments de la délinquance dès les classes maternelles. Après tout, la croyance populaire et le cinéma hollywoodien parle bien de tueurs nés (1).

187. – Cette personnalité était convaincue de « *la nécessité de renforcer le travail local de repérage des populations et comportements «à risques» au niveau de l'institution scolaire* » (2). En réponse, l'on s'en sera ému ; ou bien l'on aura moqué une semblable volonté « *de détecter dès la plus tendre enfance les signes annonciateurs de la sauvagerie* » (3). Mais, encore une fois, jusqu'à quand attendre nonchalamment la survenue de la déviance des mineurs…

188. – Au début du siècle, la Revue administrative avait dénoncé « *l'indifférence générale* » à l'égard de la « *déscolarisation rampante* » des mineurs (à Paris et en province). Compte tenu d'une telle tolérance coupable comment donc s'étonner de la prolifération de la délinquance des intéressés. Effectivement : « *on forme des bandes, on aide des trafics organisés (le jeune de 12 ans fait le guet pour des dealers, et est payé pour faire le guet), on prend part à des trafics de drogue, à des vols de voitures, à des violences organisées (rackets), à des vols de commerçants, à des cambriolages* » (4). Or, était-il rajouté, l'État dispose de moyens pour obtenir le respect de l'obligation scolaire.

1) https://explicationdefilm.com/2023/12/28/tueurs-nes/

2) https://www.nouvelobs.com/societe/20081201.OBS3496/quand-sarkozy-voulait-detecter-les-troubles-du-comportement-chez-l-enfant.html.

3) Félix ROME, « Alertez les bébés ! », D. 2008. 2993 ; Catherine MÉNABÉ, Vers une théorie générale de la criminologie préventive, Répertoire de droit pénal et de procédure pénale/ Criminologie, octobre 2019.

4) J. C. Affaires sociales : Un problème d'avenir : l'absentéisme scolaire, La Revue administrative, 55e Année, n° 328 (juillet-août 2002), pp. 400-402, Presses Universitaires de France, https://www.jstor.org/stable/40774834.

189. – Selon le criminologue américain George KELLING, un immeuble vandalisé attirera bientôt de nouveaux vandales. Oui, si une première vitre a été fracassée, les autres subiront bientôt le même sort. C'est la théorie de la vitre brisée (1). Dans ces conditions, afin de parvenir à obvier le risque de propagation, l'on devrait s'empresser de remplacer le carreau dès constatation de son bris.

190. – Une précaution similaire semble manifestement compréhensible en matière de lutte contre la délinquance juvénile. C'est-à-dire qu'à la moindre incivilité (comme l'on dit pudiquement), la réplique devrait être l'oxymore « *tolérance zéro* ». Au fond, depuis des siècles, les fabulistes (notamment Ésope puis Jean de LA FONTAINE) enseignent que : « *Qui vole un œuf vole(ra) un bœuf* ». Dès lors, vite réagir contre l'auteur lui évitera de s'installer dans la délinquance. En effet, il prendrait position sur la pente d'un toboggan criminogène le faisant glisser des contraventions aux délits, puis aux crimes.

191. – En résumé, est-il dit : « *le principe de tolérance zéro doit être appliqué à tous les faits, mêmes mineurs, qui non seulement dérangent les « honnêtes gens » mais aussi donnent la conviction aux délinquants qu'ils ne seront pas inquiétés* » (2).

192. – Pour convaincre de l'adéquation de ce principe (de réaction systématique aux déviances), les gens de Droite renvoie inlassablement à un maire de New York (Rudy GIULIANI). Il

---

1) Il préexiste la même théorie en économie, laquelle a été inventée par Frédéric BASTIAT. Son idée étant que des acteurs économiques interviendront et s'enrichiront à l'occasion du remplacement de la vitre brisée : le fabriquant, le transporteur, l'installateur.

2) France PARAMELLE, La lutte contre le crime à New-York, Rudolph Giuliani : un homme, une volonté, L'Harmattan, 2009 ; Oona AH-THION, La lutte contre le crime à New-York (présentation du livre), RSC 2009. 1003.

aura en effet appliqué la « *tolérance zéro* » dans l'espoir de rendre beaucoup plus vivable l'ancienne « *Nouvelle-Angoulême* » (1).

193. – Encore que lui-même aura parfois violé la loi ; ne serait-ce que par la diffamation d'agents d'un bureau électoral (2). Avant de s'émouvoir ou de s'en s'offusquer, notons que si notre propre vie était passée au crible (par des enquêteurs judiciaires) des infractions enfouies émergeraient sûrement. D'ailleurs, comme disait un célébrissime prophète : « *Que celui qui n'a jamais pêché jette la première pierre* ».

194. – En tous cas, les gouvernements (de Droite) ont de plus en plus donné le primat à la sanction et, par conséquent, négligé la rééducation. Concernant l'absentéisme scolaire, l'intérêt de l'enfant aura alors cessé de constituer la préoccupation fondamentale (3). Pourtant la punition infligée à l'enfant devrait toujours s'accompagner d'une leçon de morale. C'est une sorte de « *en même temps* ». Or cette position duale et conciliatrice pâtit souvent de quolibets ; même à l'égard d'œuvres de fiction (4).

---

1) La Grosse Pomme s'est successivement dénommée : Nouvelle-Angoulême ; New Amsterdam ; puis New York.

2) Cet ancien maire de New York (1994-2001) aura agi pour complaire à Donald Trump, candidat malheureux à sa propre réélection. C'est en l'occurrence une courtisanerie délictueuse qui lui fera verser 150 million d'euros de dommages-intérêts aux victimes de sa calomnie (https://www.lemonde.fr/international/article/2025/01/11/etats-unis-rudy-giuliani-l-ancien-avocat-personnel-de-donald-trump-de-nouveau-condamne-pour-diffamation_6491904_3210.html). Son action municipale s'était achevée en 2001.

3) C'était par exemple le sens de la loi n° 98-1165 du 18 décembre 1998 qui traite de l'éducation dans la famille.

4) « *Le message du film, plus que louable, à savoir privilégier la réinsertion que la sanction, n'est pas suffisamment distillé de manière subtile, et se*

195. – L'homme de la rue considère que la justice devrait toujours sanctionner vite et fort ; de façon à faire passer aux délinquants l'envie de persister dans la perpétration d'actes délictueux. Autrement dit, grâce à la certitude et à la promptitude de la sanction, le désistement volontaire permanent s'envisagerait fort bien. À l'inverse, cet espoir demeurera illusoire aussi longtemps que des peines ne s'abattront pas vite et lourdement (1).

196. – Dès lors, les piliers des bars et cafés, désormais redéployés et démultipliés sur Internet, vilipendent sans retenue nos autorités publiques regardées comme laxistes (2). Le leitmotiv de ces critiqueurs est précisément « *la prison pour tout et pour tous* ». Une prison devant nécessairement apparaitre (aux futurs délinquants) comme épouvantable. Sinon elle ne constituerait point un épouvantail, un repoussoir.

197. – Cette philosophie de la rigueur maximale aura justifié la mise au pilori du directeur de la prison de Fresnes en août 2022. Car il avait eu la faiblesse de fournir des karts (des kartings) à des jeunes prisonniers, pour leur permettre de s'évader, certes un laps de temps seulement, et en pensée uniquement (3).

---

présente souvent comme une leçon de morale plutôt que comme une leçon juridique ou sociale emportant la conviction du spectateur » (Marie-Odile DIEMER, Procès pénal et cinéma : un sujet à bout de souffle ? À propos du film Je le jure de S. Theis, D.A. 9 avril 2025).

1) Stéphane LEMAN-LANGLOIS, Doob et Carla CESARONI, Responding to Youth Crime in Canada, RSC 2005. 445.

2) https://www.lejdd.fr/Societe/carcerophobie-une-etude-choc-devoile-letendue-du-laxisme-judiciaire-en-france-154238.; https://www.lefigaro.fr/lefigaromagazine/qui-va-reellement-en-prison-le-laxisme-de-la-justice-francaise-en-chiffres-20250124.

3) https://www.ouest-france.fr/societe/prison/karting-en-prison-a-fresnes-ce-que-contient-le-rapport-d-enquete-de-l-administration-penitentiaire-

198. – Cela dit, en pratique (et en théorie), les jeunes délinquants bénéficient (plus que les adultes) de mesures alternatives à l'incarcération (1). Or beaucoup de gens (de Droite) préféreraient pour tous des peines effectives de privation de liberté. Serait-ce pour un emprisonnement de courte durée (2).

199. – La même année, les cinq candidats LES RÉPUBLICAINS pour devenir le représentant de leur partie politique LR à l'élection présidentielle (de 2022) se plaignaient tous de l'abrogation (socialiste) des courtes peines d'emprisonnement (3). Aussi promettaient-ils en chœur de les réinstaurer ; pour ensuite une application généralisée ; même et surtout aux infractions commises dans « *les territoires perdus de la République* » (4).

200. – L'extrême-droite a toujours partagé ce diagnostic sur l'insécurité ainsi que les réponses (*''rigoureuses en paroles"*) de

---

013a6a64-237a-11ed-bda5-2977ce526b0a; https://www.lefigaro.fr/vox/societe/karting-a-fresnes-prison-plage-20220823.

1) Lilitt KHANGELDIAN, Quelle orientation pour les mineurs délinquants ? Décider vite et bien ! AJ pénal 2025. 168 ; Pierre JANUEL, Les députés musclent les peines alternatives pour favoriser leur prononcé, D.A. 1 décembre 2020.

2) Julien MUCCHIELLI, Quelle réforme pénale l'Assemblée a-t-elle adoptée ? D.A. 9 juin 2014 ; Julie ALIX, Les hésitations de la politique criminelle, RSC 2013. 677

3) Ces personnalités politiques étaient : Valérie Pécresse, Michel Barnier, Xavier Bertrand, Philippe Juvin, Éric Ciotti. Hélas pour eux, leur mouvement naguère populaire n'aura même pas réuni à obtenir 5 % des suffrages. D'où la ruine du parti et de la candidate désignée, Valérie Pécresse.

4) https://www.lemonde.fr/m-le-mag/article/2021/01/08/les-territoires-perdus-de-la-republique-retour-sur-pres-de-vingt-ans-de-polemique-autour-de-la-laicite-a-l-ecole_6065657_4500055.html.

la « *droite dite modérée* » (1). L'une et l'autre composent ensemble une majorité sécuritaire pour le pays (2).

201. – Vingt ans plus tôt, lors de l'élection présidentielle de 2002, la délinquance des mineurs avait aussi occupé une grande place au sein du thème plus général de l'insécurité (3). Certains des candidats avaient envisagé (pour chaque adolescent) un carnet à points. Des points perdus à cause d'incivilités, mais ensuite regagnés en cas de bonnes actions.

202. – D'autres prétendants à la fonction suprême brandissaient plutôt l'éloignement des jeunes délinquants de leur zone de méfaits. En somme, les petits caïds devaient gagner des centres d'éducation renforcés. Sauf qu'aucune commune ne réclame ni ne souhaite de prison sur son territoire (4). Aujourd'hui, Saint-Pierre et Miquelon, de même que la Guyane, apparaissent idéaux pour le dépaysement et le

---

1) Gilles RICHARD, La renaissance de la droite modérée à la libération, La fondation du CNIP, Vingtième Siècle, Revue d'histoire, Année 2000, 65 pp. 59-69.

2) https://www.charentelibre.fr/politique/immigration-securite-le-vote-rn-est-de-plus-en-plus-un-vote-d-adhesion-au-programme-de-l-extreme-droite-21351453.php.

3) Piotr SMOLAR, Sécurité et délinquance : les leçons de 2002, https://www.lemonde.fr/societe/article/2007/03/09/securite-et-delinquance-les-lecons-de-2002_881143_3224.html. D'après cet auteur : « La campagne de 2007 n'est pas, comme la précédente, centrée sur l'insécurité. Mais les candidats ne négligent pas le sujet ».

4) Delphine BOESEL, Pourquoi enfermer mieux au lieu d'enfermer moins ? Les cahiers de la justice 2020. 17.

transit des OQTF dangereux (1). En tous cas, cette élection de 2002 aura connu un « *vote autoritaire et xénophobe* » (2).

203. – Le Parlement a même récemment débattu d'une « *proposition de loi visant à restaurer l'autorité de la justice à l'égard des mineurs délinquants et de leurs parents* » (3). Car pour nombre de penseurs (plutôt de droite) la délinquance juvénile se nourrirait de la disparition quasi-générale de l'autorité chez les personnes physiques ou morales, privées ou publiques (4). Il y aurait une démission des détenteurs de l'autorité familiale, scolaire, administrative, judiciaire, etc.

204. – Le concept de « *retour à l'autorité* » connaît conséquemment un regain d'intérêt. On aura par exemple pu dire que : « *Le retour d'une certaine autorité de l'État sur les entreprises s'accompagne d'un retour de l'autorité des chefs d'entreprise sur leurs salariés et sur leurs représentants* » (5).

205. – Dans une sorte d'heureux prolongement, les détenteurs de parcelles d'autorité sur les jeunes cesseraient d'attendre (nonchalamment) la survenue d'actes délictueux de leur part. Ils devraient au contraire s'activer pour les paralyser en

---

1) https://www.lemonde.fr/politique/article/2025/04/08/laurent-wauquiez-provoque-un-tolle-en-proposant-d-enfermer-les-etrangers-dangereux-sous-oqtf-a-saint-pierre-et-miquelon_6592809_823448.html.

2) Nonna MAYER, Les hauts et les bas du vote Le Pen 2002, Revue française de science politique, Année 2002, pp 505-520.

3) Pierre JANUEL, Les députés remanient la loi remaniant la justice des mineurs, D.A. 3 décembre 2024.

4) Des personnalités de gauche partagent le diagnostic et le remède. Par exemple : Jean-Pierre Chevènement ; Ségolène Royal ; Manuel Valls. Cet ébranlement de bonne attitude civique ou morale serait une onde de choc de mai 1968.

5) Emmanuel DOCKÈS, Le droit du travail dans l'affrontement des mondes possibles, Droit social 2018. 216.

amont ; un amont dès lors caractérisé par la discipline et le civisme.

206. – Voilà donc (re)venir la rumination d'un âge d'or mythique, un temps où dans les structures de formation les (chères) têtes blondes s'adonnaient paisiblement au travail scolaire prévu pour eux (1). Sauf que, années après années, leurs tignasses s'assombrissent (2) ; et peut-être leurs âmes aussi (3).

207. – Cette impression d'un confort de vie désormais progressivement compromis par des jeunes barbares est bien fausse. D'après un auteur, « *en portant un regard historique sur la question, on relève que ce spectre d'une intensification de la délinquance commise par des mineurs n'est pas nouveau, comme l'illustrent les expressions de « loubards » ou de « blousons noirs » employées dans les années 1950 et 1960* » (4). Et au début du siècle dernier, l'on aura déplorés de jeunes apaches et Marlous.

208. – Il n'empêche que l'idée d'un accompagnement militaire des mineurs émerge régulièrement de l'esprit des commentateurs des faits divers impliquant des jeunes. Récemment (en août 2022 à Mayotte) un ministre de l'Intérieur (Gérald DARMANIN)

---

1) Stéphane LEMAN-LANGLOIS, Doob et Carla CESARONI, Responding to Youth Crime in Canada, RSC 2005. 445.

2) https://www.slate.fr/story/216753/creolisation-concept-edouard-glissant-marotte-jean-luc-melenchon-france-insoumise.

3) Notre célébrissime MONTESQUIEU aura hélas pu écrire ceci : « *On ne peut se mettre dans l'esprit que Dieu, qui est un être très sage, ait mis une âme, surtout une âme bonne, dans un corps tout noir* » (https://www.philomag.com/articles/montesquieu-lavocat-du-diable).

4) Aurélien LANGLADE, Keltoume LARCHET et Sahana RATTINAM, Les homicides commis par des mineurs : cadres explicatifs et enjeux criminologiques, AJ pénal 2025. 224.

l'avait encore appelé de ses vœux (1). Dans l'idéal, il s'agirait pour les militaires de regrouper les jeunes réfractaires à l'ordre dans des camps. Puis de leur inculquer le goût de l'effort et de la ponctualité ; de même que l'obéissance sans discussion aux règles.

209. – Naturellement, cet oubli du sens critique se situe à l'opposé de la finalité de l'école républicaine, laquelle n'entend nullement former de jeunes gens bêtes et disciplinés. Au demeurant, « *si les militaires souhaitent participer à la résilience nationale, ils n'imaginaient pas devoir bientôt gérer des centres de redressement pour jeunes à la dérive* » (2). D'où une déception quant aux résultats parfois obtenus (3). Plus encore, les remèdes attendus de l'appel au drapeau concernent des difficultés socioéconomiques trop complexes.

210. – En voici quelques exemples : « *exclusion sociale, incivilités, individualisme, chômage des jeunes, analphabétisme, crise de l'autorité…* » (4). L'on ne saurait se rassurer en se répétant que, « *à l'impossibilité nul n'est tenu* » (5) ; car il y serait répondu que « *impossible n'est pas français* » (6). Certes, il a

---

1) https://www.lemonde.fr/politique/article/2022/08/22/darmanin-veut-un-encadrement-militaire-pour-les-mineurs-delinquants-dans-les-territoires-d-outre-mer_6138702_823448.html.

2) Nicolas BAROTTE, https://www.lefigaro.fr/politique/encadrement-militaire-des-delinquants-l-idee-accueillie-avec-reserve-par-l-armee-20220823.

3) « *L'historienne Bénédicte Chéron rappelle que les expériences successives d'encadrement de jeunes par des militaires ont rarement été concluantes* » (https://www.la-croix.com/Debats/militaires-encadrer-jeunes-mise-oeuvre-cette-idee-deja-fait-preuve-inanite-2022-08-25-1201230156).

4) Jean-Philippe LECOMTE et Diane ROMAN, L'appel au drapeau : l'armée et les politiques d'insertion sociale de la jeunesse, RDSS 2007. 60).

5) Laurence GAREIL-SUTTER, Motif légitime de refus d'une expertise biologique : à l'impossible, nul n'est tenu, D.A. 4 janvier 2021.

6) RÉDACTION, Nullité d'une citation visant la totalité d'un ouvrage sans préciser les faits visés, Légipresse 2019. 200 : « *la poursuite commence par*

aussi plus modestement été suggéré que la police s'attaquât à l'absentéisme scolaire simplement en compliquant la déambulation illégitime des déserteurs scolaires (1).

2. – L'amende, le couvre-feu et l'apprentissage.

215. – Il est préconisé que les personnes choisissant de procréer assument les besoins de leurs enfants ; au moins en matière éducative. Une responsabilité civile et pénale s'ensuit alors. C'est-à-dire que, outre le versement de dommages-intérêts à la victime de l'enfant, ils ont éventuellement à supporter des amendes au profit de la collectivité, voire une peine d'emprisonnement.

216. – Certains parents protestent alors contre l'existence même de ce principe ; ou contre son maintien. La raison est qu'ils ne disposent d'aucun outil pour obliger leurs enfants à obéir et à se comporter sagement. Surtout qu'il est dorénavant interdit de molester son enfant pour l'éduquer ou pour s'assurer de son assimilation des bonnes manières (2). Les autorités fondent

---

le terme « Avertissement », soit le tout début du livre, jusqu'à la phrase « Impossible n'est pas français », soit la dernière ligne du propos conclusif, ce qui représente donc 122 pages de propos ».

1) RÉDACTION, Un problème d'avenir : l'absentéisme scolaire, La Revue administrative, 55e Année, n° 328 (juillet-août 2002), pp. 400-402, Presses Universitaires de France, https://www.jstor.org/stable/40774834).

2) Helena BARGHOLTZ, La large prohibition européenne des châtiments corporels infligés aux enfants, AJ fam. 2005. 221 ; Martine HERZOG-EVANS, Châtiments corporels : Vers la fin d'une exception culturelle ?, AJ fam. 2005. 212 ; Edwige ANTIER, La justice à la croisée des savoirs - Réflexion sur les châtiments corporels infligés aux enfants et leur interdiction par le droit, Les cahiers de la justice 2011. 107.

ISSN 3096-8143

les plus grands espoirs dans des stages de responsabilité destinés aux parents eux-mêmes (1).

217. – Depuis longtemps désormais, le manquement à l'obligation d'assiduité scolaire est pénalement sanctionné d'une amende de la quatrième classe des contraventions (2). Le montant prévu est donc actuellement de 750 euros (3). En l'occurrence, ce n'est pas l'enfant qui est visé par le Code pénal, mais plutôt (comme disent les civilistes) « *ses père et mère* ». On supposera qu'il y a cependant une condition d'exercice de l'autorité parentale par l'adulte inquiété.

218. – En fait, toute personne en ayant l'exercice pourrait subir la condamnation pénale. Déjà apparaît comme suffisant l'exercice d'une *« autorité de fait de façon continue »* (4). Au moins les intéressés ne pourront-ils se plaindre d'être tenus à l'improviste, d'être pris en traître. D'ailleurs, « *nul n'est censé ignorer la loi* » (5).

219. – Pire, l'adulte pourrait se trouver prévenu de s'être soustrait « *sans motif légitime, à ses obligations légales au point de compromettre la santé, la sécurité, la moralité ou l'éducation de son enfant mineur* » (6). Or, par exemple, l'enfant voleur ou bien violeur manquera à l'évidence de l'éducation souhaitable ; il aura à minima adopté un comportement

---

1) Florian WATIER, Parents d'enfants délinquants : regard critique sur la responsabilité pénale et la « responsabilisation parentale », AJ fam. 2025. 162 ; Salomé PAPILLON, Loi Attal sur la délinquance des mineurs : des parents plus responsables ? AJ fam. 2025. 390.

2) Code pénal, article R624-7, alinéa 1.

3) Code pénal, article 131-13.

4) Code pénal, article 227-17-1.

5) Michel DOBKINE, Nul n'est censé ignorer que la loi est... abrogée, D. 2002. 1225.

6) Code pénal, article 227-17.

immoral. Le parent en cause subira au maximum une peine « *de deux ans d'emprisonnement et de 30 000 euros d'amende* » (1).

220. – Mais en cas de lien de causalité entre l'abandon (moral ou matériel) souffert par l'enfant délinquant et son infraction, le risque pénal augmente ; il vient d'être accru par la loi ATTAL (2). Encore que sa mise en œuvre soit de nature à susciter un certain contentieux. Car plusieurs facteurs joueront souvent dans la survenue de l'évènement infractionnel déploré, sans tous être imputables à l'adulte défaillant.

221. – Dès lors, « *comment être certain que la soustraction aux obligations parentales a conduit à la réalisation d'un crime ou de plusieurs délits ? S'il ne peut être exclusif, le lien de causalité devra-t-il au moins être direct ? Force est de constater que le texte ne s'embarrasse d'aucune exigence de gravité ou de répétition. Cet article peine à conjuguer les exigences du principe de légalité* » (3).

222. – Pour finir, une direction supplémentaire est suggérée en vue de responsabiliser les parents. En effet dit-on : « *La suppression des allocations familiales est le moyen le plus sûr* » (4). Certes, selon une auteure, une telle mesure semble se situer à l'opposé de « *nos principes fondamentaux et, en particulier, de l'exigence constitutionnelle de solidarité*

---

1) Idem.

2) Code pénal, article 227-17 ; Salomé Papillon, Loi « Attal » sur la délinquance des mineurs : des parents plus responsables ? AJ fam. 2025. 390.

3) Idem.

4) RÉDACTION, Un problème d'avenir : l'absentéisme scolaire, La Revue administrative, 55e Année, n° 328 (juillet-août 2002), pp. 400-402, Presses Universitaires de France, https://www.jstor.org/stable/40774834).

nationale en faveur des familles » (1). L'on pourrait railler cette position doctrinale, parce que six mois plus tôt le Conseil d'État avait considéré comme erronée une telle objection contre la suspension des allocations familiales (2).

223. – Effectivement, cette juridiction suprême avait longuement démontré la conformité à la Constitution de la loi du 28 septembre 2010, dite "*Loi Ciotti*". En l'espèce, L'ASSOCIATION JUSTICE POUR TOUTES LES FAMILLES (AJPTF), entendait obtenir l'annulation de son décret d'application (3). Toutefois, dans un arrêt du 15 juin 2011, le Conseil d'État aura refusé la mise en œuvre de la QPC contre cette LOI CIOTTI (4).

224. – Par conséquent, une prochaine majorité de Droite pourrait reconduire le dispositif privatif d'allocations familiales aux élèves absentéistes. Du reste, lors des élections législatives de 2024, le Rassemblement National (RN) promettait le rétablissement de la loi Ciotti à son inspirateur, lequel était devenu un allié politique peut-être un peu controversé et destituable (5). Tous sont convaincus de la nécessité d'un large éventail de mesures coercitives.

225. – À cet égard, c'est généralement de nuit que surviennent les exploits malfaisants des mineurs ; c'est-à-dire pendant que les

---

1) Maryline BRUGGEMAN, La sanction de l'absentéisme scolaire, au cœur de l'ambiguïté de l'obligation scolaire, Droit de la famille n° 12, Décembre 2011, dossier 19.

2) Certes, une décision des juges, même d'une des plus hautes juridictions, ne saurait ôter aux analystes leur capacité et leur volonté de discuter le droit positif.

3) Le décret n° 2011-89 du 21 janvier 2011 relatif aux modalités de calcul de la part des allocations familiales suspendues ou supprimées en cas d'absentéisme scolaire.

4) CONSEIL D'ÉTAT, 15 juin 2011, n° 347581.

5) Brigitte CLAVAGNIER, Destituer le président... JA 2024, n°702, p.3.

honnêtes gens s'abandonnent à un sommeil réparateur. Par conséquent, le couvre-feu (de 21 à 5 H du matin) contre ces garnements semble une bonne idée (1). D'ailleurs, le mois de juillet 2025 aura révélé combien la mesure était défendable. Car l'on aura enregistré une explosion de violences même dans des petites villes ; comme Nîmes, Béziers ou Limoges.

226. – En gros, « *face à ce qui apparaît notamment comme une extension des guerres de gangs jadis circonscrites aux grandes villes, certaines municipalités déclarent un couvre-feu pour les mineurs* » (2). En tout état de cause, le couvre-feu vient d'être consacré par une loi, puis par le Conseil constitutionnel saisi (vainement) contre celle-ci (3).

227. – Du moment que la tranquillité nocturne paraît techniquement (juridiquement) assurée par le couvre-feu, il faudrait sans doute se préoccuper de celle diurne. L'idée serait de remplir les journées des enfants par une activité professionnelle plus captivante que l'école. D'où l'appel à l'apprentissage (4). Or bien avant son actuel succès, il

---

1) Gilles ARMAND, Le couvre-feu imposé aux mineurs : une conception nouvelle de la sécurité, AJDA 2002. 351.

2) https://www.courrierinternational.com/article/vu-de-l-etranger-le-couvre-feu-pour-mineurs-reponse-desesperee-des-villes-francaises-aux-violences_233425. Il y a alors cette précision : « *Une mesure à l'efficacité incertaine, pour la presse étrangère* ».

3) « *Ont été maintenues en revanche les dispositions relatives au couvre-feu - qui répond à l'obligation de prévention des atteintes à l'ordre public, elle-même inscrite au sein de la Constitution - et à l'aggravation des peines des parents de mineurs en état de délinquance* » (Noélie COUDURIER, La justice des mineurs, un totem absolu, JA 2025, n°723, p.7).

4) Il ne s'agit nullement de l'exploitation infantile éhontée d'autrefois. Aujourd'hui, « *les conditions de travail de l'enfant tant en termes de durée de travail et de repos que de prestation de travail exercée ou encore d'octroi de la rémunération sont encadrées* » (Maëlys GRANGE, Le travail de l'enfant dit influenceur : de quel droit ? Rev. trav. 2024. 308).

concernait (concentrait) les cancres. Et ceux-ci provenaient presque toujours des milieux populaires (1).

228. – Le personnel politique (de Droite) est allé jusqu'à suggérer l'abaissement (de 16 à 14 ans) de l'âge d'emprunt de cette voie professionnelle précoce (2). Une proposition prétendument faite pour le bien des jeunes eux-mêmes, à qui l'on évitait en effet la frustration de l'échec scolaire prévisible en cas de poursuite forcenée d'études généralistes et abstraites (3). Quinze ans c'est déjà une bonne moyenne.

229. – Au fond, la Droite hésite à dispenser de l'éducation juste pour le plaisir ; il faut que ce soit utile à la collectivité, et au moins à l'enfant lui-même (4). Le problème est cependant qu'il est commun de penser que l'obligation scolaire correspond à un droit et, aussi, à un devoir de tous les enfants vivant en France (5). Ils doivent en effet pouvoir recevoir un enseignement général avant d'avoir à se professionnaliser (6).

230. – Cela dit, ne pourraient-ils y revenir plus ou moins après l'accès à un métier ? Les jeunes concernés profiteraient dès lors du concept de « *formation tout au long de la vie* ».

---

1) Madame Marine LE PEN a toutefois affirmé avoir envoyé son enfant en apprentissage (https://www.leparisien.fr/elections/presidentielle/vrai-faux-les-enfants-de-le-pen-ont-ils-vraiment-fait-leur-scolarite-dans-le-public-10-02-2017-6670632.php).

2) Nathalie BOURZAT ALAPHILIPPE, La règlementation publique relative au travail des mineurs, JS 2020, n°207, p.16.

3) https://www.rtl.fr/actu/politique/presidentielle-2017-pourquoi-marine-le-pen-defend-l-apprentissage-des-14-ans-7787197793.

4) Laurent GAMET, Théorie et pratique du droit du travail, Droit social 2025. 545.

5) Thomaïs DOURAKI, Droit à l'éducation des enfants d'immigrés en Europe, RMCUE 2004. 375.

6) Conseil d'État, 19 juillet 2022, Limites à la responsabilité de l'État pour non-scolarisation d'un enfant handicapé (n° 428311), Lebon 2022.

D'ailleurs, « *l'idée qu'un niveau de culture générale de base, non utilisé dans le cadre de l'entreprise, se maintient au fil du temps sans altération profonde est un leurre* » (1). Tout au moins pour la grande majorité des jeunes.

231. – Il paraît néanmoins contradictoire « *d'envisager, avec fatalisme, de les soustraire au plus tôt à cette même obligation* » (2). Certes, « *le jeune "perdu pour l'école" fut aussi, dès la fin du XIXe siècle, l'un des publics privilégiés de l'enseignement spécial* » (3). Au final, apprendre un métier et travailler de ses mains (re)gagne des lettres de noblesses (4). Ce que la Gauche admet du bout des lèvres.

B. – La critique de la rigueur contre les jeunes

242. – Tout le monde n'est pas convaincu par la pertinence d'une plus grande sévérité à l'encontre des jeunes délinquants. En tous cas les mérites de la prison sont largement déniés. De plus, il semblerait que l'insécurité générée par les mineurs ne serait pas aussi dramatiques qu'on le dit.

---

1) Paul SANTELMANN, Insertion et formation professionnelles des jeunes, Droit social 1993. 418.

2) Roger MONJO, L'école peut-elle être, à la fois, libératrice et obligatoire ?, Presses universitaires de Caen | « Le Télémaque », 2013/1 n° 43 | pages 87 à 102, https://www.cairn.info/revue-le-telemaque-2013-1-page-87.htm.

3) Bertrand GEAY, « Du « cancre » au « sauvageon ». Les conditions institutionnelles de diffusion des politiques d'« insertion » et de « tolérance zéro » », Actes de la recherche en sciences sociales, 2003/4, n° 149.

4) Bruno COQUET, L'apprentissage : le succès au prix fort, https://www.ofce.sciences-po.fr/pdf/ouvrage/2024-FR-09.pdf. https://www.caissedesdepots.fr/blog/article/pourquoi-lapprentissage-favorise-lemploi-des-jeunes.

ISSN 3096-8143

1. – Le doute sur les intérêts de l'emprisonnement.

243. – La majorité des Français réclament une législation pénale nettement plus rigoureuse à l'encontre des auteurs d'infractions. Une rigueur qui alors revêtirait la forme d'enfermements systématiques. Mais à coup sûr, ces citoyens intransigeants s'indigneraient paradoxalement de subir un jour eux-mêmes les sévères sanctions ainsi fantasmées à l'encontre d'autrui.

244. – D'ailleurs, sans doute les gens de Droite méditeront-ils à l'avenir la pertinence de la fermeté pénale qu'ils préconisent inlassablement. D'abord, parce que les vertus qu'ils prêtent à l'emprisonnement sont en réalité surfaites (1). Pour l'essentiel, la demande d'enfermements « *contente tous ceux qui pensent que la prison ne les concerne pas, ne les concernera jamais* » (2).

245. – Or beaucoup de leurs anciens leaders se rapprochent dangereusement des portes des pénitenciers (3). L'on ose imaginer que nos SAINT-JUST du dimanche cantonneraient l'application de la rigueur pénale aux seuls pauvres, aux sans grade et aux adversaires politiques (4).

---

1) Stéphane LEMAN-LANGLOIS, Doob et Carla CESARONI, Responding to Youth Crime in Canada, RSC 2005. 445. Les gens n'en reviennent pas moins à la rescousse.

2) Delphine BOESEL, Pourquoi enfermer mieux au lieu d'enfermer moins ? Les cahiers de la justice 2020. 17.

3) Notamment Nicolas Sarkozy, François Fillon, Claude Guéant, Patrick Balkany, Marine Le Pen et ses lieutenants.

4) D'après ce révolutionnaire (robespierriste guillotiné à 26 ans), il fallait toujours trancher dans le vif contre les perturbateurs de la République (Julien JEANNENEY, Droit administratif et droit constitutionnel, RFDA 2025. 563). Il aura au moins été l'un des promoteurs du concept d'intérêt général.

246. – Le refus de la prison pour soi-même s'explique facilement par les conditions inhumaines imposées aux prisonniers. À ce sujet, chacun devine que la vie y est probablement insupportable. Autrefois, pour en avoir le cœur net, divers auteurs auront (chacun pour sa part) visité des prisons (1). Cela étant, Le 20 août 2025, l'on a pu entendre sur les ondes, et lire dans les quotidiens que, compte tenu de conditions indignes de détention, « *la contrôleure générale demande la fermeture d'une prison pour mineur à Marseille* » (2).

247. – Même passer une seule semaine en prison (comme détenu) représente un véritable calvaire. Pour commencer, cette durée hebdomadaire paraît trop brève pour déjà avoir le droit à une douche. En effet, il faudrait attendre la semaine suivante. Certes, au centre pénitentiaire de Saint-Etienne - La Talaudière, et peut-être ailleurs aussi, il existe « *l'accès quotidien aux douches pour les femmes en période de menstruation* » (3).

248. – Ailleurs précisément, c'est bien vainement que l'Ordre des avocats de Limoges et la section française de l'Observatoire international des prisons auront demandé « *au juge des référés d'enjoindre l'administration de procéder à un remplacement*

---

1) Ce fut le cas de : Victor Hugo ; Honoré de Balzac ; Alexandre Dumas ; George Sand ; Prosper Mérimée ; Gustave Flaubert ; Stendhal (Michel Pierre, Imaginaire et mythologie des bagnes, Les cahiers de la justice 2020. 61).

2) https://www.lemonde.fr/societe/article/2025/08/29/prisons-la-controleuse-generale-preconise-la-fermeture-de-l-etablissement-pour-mineurs-de-marseille-en-raison-de-conditions-de-detention-indignes_6637080_3224.html; https://www.radiofrance.fr/franceinter/podcasts/l-info-de-france-inter/l-info-de-france-inter-3967520; https://www.ouest-france.fr/societe/prison/crasseuse-infestees-de-fourmis-faut-il-fermer-la-prison-pour-mineurs-de-marseille-d8f1af06-84b3-11f0-bcb7-e4ebd4c8350d;

3) Conseil d'État 15 mai 2023, Quand la dignité des détenus s'arrête à la porte des mesures structurelles, AJ pénal 2023. 302.

ISSN 3096-8143

des douches [trop vétustes] et d'assurer une distribution optimale d'eau chaude et froide dans toutes les parties de l'établissement » (1).

249. – D'un autre côté, la cellule de prison accueille au moins trois détenus à la fois (2). Malheureusement, les WC se trouvent dans l'un des coins de cette pièce exigüe. De sorte que les prisonniers urinent ou défèquent sous le regard gêné de leurs compagnons d'infortune. Or peut-être certains d'entre eux seront-ils en train de déjeuner ou de dîner. Autant dire que l'intimité manque en prison, de même que toute vie sentimentale et/ou sexuelle (3).

250. – D'un autre côté, il est absolument difficile d'y dormir d'un sommeil réparateur. Car outre que le matelas et le linge reçus (en vue de gagner les bras de Morphée) seront d'une propreté douteuse, pendant toute la nuit divers bruits déchireront le silence espéré. Ils consisteront généralement en des geignements de douleur ; en des explosions d'allégresse sportive ; en des cris de démence ; etc.

251. – Un ancien prisonnier a reconstitué une cellule dans un camping-car pour sillonner la France et donner à chacun (surtout aux jeunes) une idée, serait-ce partielle, de la vie en prison. Il l'appelle la « *grotte mobile* » (4). Peut-être les

---

1) Dorian GANDOLFO, Conditions matérielles de détention à la maison d'arrêt de Limoges, D.A. 9 janvier 2025.

2) Caroline FLEURIOT, L'interminable moratoire sur l'encellulement individuel, D.A. 21 octobre 2014.

3) TRIBUNAL ADMINISTRATIF DE NANTES, 25 octobre 2007, Acte sexuel au parloir : pas de faute disciplinaire sans exposition à la vue d'autrui, AJ pénal 2008. 43.

4) Adama CAMARA : https://www.radiofrance.fr/franceinter/podcasts/carnets-de-campagne/carnets-de-campagne-du-mardi-17-juin-2025-1411129;

autorités publiques elles-mêmes devraient-elles se charger de cette pédagogie sur la réalité de la prison.

252. – Certes, des émissions de téléréalité reconstituent l'univers carcéral au profit de participants qui parfois paient pour vivre une expérience d'enfermement et de privation de liberté. Il arrive que l'immersion ait lieu dans un authentique pénitencier en fonctionnement (1). Mais c'est toujours pour une durée plutôt brève ; et le faux-prisonnier conserve la faculté de tout arrêter quand bon lui semble. Bien entendu, il en va différemment dans la vraie vie, sauf à songer à l'évasion.

253. – L'incarcération se révèle parfois pire que le mal initialement déploré. En effet, la prison ressemble à une école du crime. Ou bien, comme disait TOCQUEVILLE, c'est « *le noviciat de la récidive* » (2). Car les autres prisonniers seront souvent des repris de justice qui raconteront volontiers leurs coups réussis ou manqués, ainsi que la façon de procéder au mieux pour échapper à la répression pénale (3). Plus généralement, est-il soutenu : « *L'effet criminogène de la prison est largement constaté tant en France qu'à l'étranger* » (4).

254. – Bien entendu, ce ne sont pas forcément les codétenus qui motivent les récidives consécutives à l'incarcération. En effet,

---

https://www.sudouest.fr/justice/prison/avec-sa-grotte-mobile-il-veut-sensibiliser-les-jeunes-a-la-realite-de-la-vie-carcerale-25553184.php.

1) https://www.rtbf.be/article/etre-en-prison-avec-de-vrais-criminels-pendant-60-jours-c-est-la-nouvelle-telerealite-trash-aux-etats-unis-9227522

2) Volodia MIJUSKOVIC, Le détenu « acteur de sa détention » Les cahiers de la justice 2023. 309.

3) Anne SIMON, La dystopie d'un monde sans peine, RSC 2021. 275.

4) Catherine MÉNABÉ, Comprendre la criminalité, in Répertoire de droit pénal et de procédure pénale, 2019, n° 114).

si d'une part le condamné n'a point reconnu sa faute, et donc la légitimité de sa peine, il s'enferrera dans des projets délictueux de vengeance contre la société (1). On pourrait ici comprendre l'idée de mesures de sûreté ; pour réaliser une surveillance active de l'intéressé (2).

255. – D'autre part, la prison retire à l'individu ses moyens de survie ; elle le prive de son travail ainsi que des perspectives professionnelles (3). De troisième part, les réseaux de solidarité du prisonnier auront disparu ; soit parce que distendus par le temps passé ; soit par rejet de « *la personne qui a fait de la prison* ». À ce sujet, « *le stigmate de la probation produit des effets analogues à ceux du stigmate carcéral comme exclusion symbolique et pratique du monde social* » (4).

256. – De quatrième part, les prisonniers étant (logiquement) mal soignés, leurs maladies psychiatries et leurs affections somatiques s'aggravent (5). En conséquence de quoi la prison

---

1) « *C'est aussi par vengeance contre une injustice initiale que certains requérants reviennent souvent devant le juge administratif. Le rancunier. Ces requérants se caractérisent en attaquant les décisions d'une même administration à laquelle ils veulent faire payer un précédent comportement* » (Fabrice LEMAIRE, Les requérants d'habitude, RFDA 2004. 554).

2) Cyrille DUVERT, Qu'est-ce qu'une peine ? D. 2020. 2407 ; Michel VERPEAUX, La censure de la création de mesures de sûreté à l'encontre des auteurs d'infractions terroristes, AJDA 2020. 2319.

3) David PAMART, Devant le juge, réhabilitation n'est pas amnésie, D.A. 20 mai 2025.

4) Olivier RAZAC, Fabien GOURIOU et Jérôme FERRAND, L'épreuve de la probation, Les cahiers de la justice 2020. 21.

5) Lucile PRIOU-ALIBERT, Prison et troubles mentaux : constat alarmant et perspectives d'évolution, D.A. 19 mai 2010.

rend à la société un individu qu'elle aura transformé en épave humaine (1).

257. – D'un autre côté, l'effet dissuasif des peines fulminées par le Code pénal se produit seulement à la marge ; surtout s'agissant des jeunes. D'abord, parce que chacun d'eux se figure pouvoir passer *''entre les gouttes''* ; c'es-t-à-dire que sa chance lui permettra de toujours échapper aux foudres de la loi (2).

258. – En vérité, il y a une méconnaissance (par la quasi-totalité de la population) des incriminations pénales, de leurs tarifs et de la jurisprudence correspondante. À cet égard, nul ne saurait sérieusement soutenir que les délinquants perpètrent leurs forfaits seulement après qu'ils se sont rassurés sur les risques encourus. Non, et déjà à supposer qu'ils sachent lire, les criminels endurcis et les criminels en herbe, n'utilisent pas le Code pénal comme livre de chevet (3).

259. – Peut-être les personnes instruites ou cultivées soupèsent-elles préalablement le risque pénal des agissements qu'elles se proposent de commettre. Il n'en demeure pas mois qu'existe une délinquance en col blanc et/ou celle en costume cravate

---

1) Jean DANET, La notion d'état de santé et la détention en Europe, RSC 1996. 49.

2) Du reste, les malchanceux tombés dans les filets de la police ne subissent ensuite jamais les peines maximales prévue par le Code pénal.

3) Pire, la connaissance des peines probables exciterait probablement les jeunes récalcitrants. Cela serait de nature à les inciter à davantage braver les interdictions (ridicules !) posées par les *''vieux''*.

(1). Le caractère dissuasif du tarif pénal reste par conséquent très douteux (2).

260. – Plus généralement, « *Dans tous les pays démocratiques, les doctrines pénales néolibérales et les théories de ''tolérance zéro'' sont abandonnées lorsqu'elles ont été expérimentées. En France, la politisation de la peur de la jeunesse sert de dérivatif aux crises sociale* » (3).

2. – L'exagération partisane (des causes) de l'insécurité.

271. – La Droite reproche inlassablement à la Gauche un angélisme envers les criminels. Pour celle-là, celle-ci se laisserait guider par une « *vision infantile de la délinquance des petits chenapans qui viennent jusque dans nos bras égorger nos fils et nos compagnes* » (4). En vérité, l'on devrait enfermer moins ; « *sauf à écouter celles et ceux qui attisent la peur* » (5).

272. – Hélas, des (pseudos) enquêtes de la Droite concluent souvent à une augmentation des infractions commises par les jeunes et à une aggravation de la violence déployée par eux. Ensuite, des médias enthousiastes et complaisants relaient

---

1) Laurent SAENKO, Délit de non-transmission de documents comptables à l'assemblée générale : le retard est-il punissable ? RTD com. 2025. 202.

2) Louise FINES, L'organisation des crimes en col blanc, Une gestion meurtrière, Paris, L'Harmattan, 2012, 231 pages.

3) Pierre JOXE, Droit des enfants : vers le modèle américain ? Les cahiers de la justice 2011. 5 ; Michaël HARAVON, Tolérance zéro : où en est le tout-carcéral en Angleterre et aux États-Unis ? D. 2013. 2235.

4) Félix ROME, « Alertez les bébés ! », D. 2008. 2993.

5) Delphine BOESEL, Pourquoi enfermer mieux au lieu d'enfermer moins ? Les cahiers de la justice 2020. 17.

ces prétendues observations. À leur égard, que les statistiques officielles indiquent une réalité plus contrastées n'y change rien (1). C'est en quelque sorte une variante de l'opposition médiatico-politique entre le sentiment d'insécurité et la réalité de l'insécurité (2).

273. – Dans ce cadre, un lien de causalité unirait l'absentéisme scolaire et la délinquance juvénile ; ce qui est faux. Mais pour les besoins de la démonstration adhérons-y. Même adhésion hypothétique à l'affirmation suivante. À savoir : qu'une « *étude américaine a démontré que si les atteintes aux biens augmentaient de 14 % les jours de fermeture d'école, les agressions physiques augmentaient de leur côté de 28 % quand on les ouvrait* » (3).

274. – Notre démonstration retient comme passage obligé la question de savoir quoi privilégier entre la préservation d'un bien matériel et la préservation de la vie humaine (4). En l'occurrence, s'impose une réponse en deux temps. Premièrement, il convient de toujours pencher pour la préservation de l'humain (5).

---

1) https://www.huffingtonpost.fr/life/article/une-hausse-de-la-delinquance-des-mineurs-en-france-ce-n-est-pas-ce-que-disent-les-chiffres_233091.html; https://www.lemonde.fr/idees/article/2025/03/11/la-delinquance-des-jeunes-diminue-mais-les-actes-les-plus-violents-augmentent_6578457_3232.html.

2) André NORMANDEAU, Le sentiment d'insécurité des femmes face à la criminalité, RSC 1994. 805 ; Jean-Jacques GLEIZAL, A propos de la sécurité, RSC 1994. 812.

3) Vincent CASANOVA, L'argent et l'absent, Vacarme 2010/3 (n° 52), pages 92 à 94.

4) Ève BENAZETH, La sauvegarde de la vie humaine et la pollution dans le même bateau ! JT 2012, n°140, p.10.

5) CONSEIL D'ÉTAT, 20 avril 2020 (n° 44000), « *L'État n'a pas porté une atteinte manifestement grave et illégale au droit à la vie et à la protection de la santé en ne prenant pas de mesures spécifiques pour réduire la pollution*

275. – Ce faisant, et relativement à l'étude américaine ci-dessus, l'on aboutit à une conclusion (absurde) qui invite à se féliciter de l'absentéisme scolaire. Pourquoi ? Parce que plus celui-ci se renouvellera, moins il y aura alors d'atteintes aux personnes. En vérité, et c'est le second temps de la réponse, l'étude sociologique américaine constitue seulement une corrélation entre un taux d'absentéisme et un taux des agressions.

276. – Il faut pourtant concéder que la fréquentation assidue de l'école par les élèves harceleurs leur donne des occasions plus nombreuses de nuire à leurs camarades victimes. Inversement, l'éventuel absentéisme des harceleurs, peut-être à la suite d'une exclusion (temporaire ou définitive) soulagera forcément leurs victimes récurrentes (1).

277. – Encore que de nos jours, du fait des réseaux sociaux, ces victimes demeurent exposées en permanence aux attaques. C'est le cyber-harcèlement. Peut-être celui-ci refluera-t-il grâce à une loi adéquate. Ainsi, une obligation de déconnexion devrait à l'avenir supplanter l'impuissant droit à la déconnexion (2).

278. – Dans beaucoup d'esprits, la causalité et la corrélation se confondent souvent ; trop souvent. Sans doute parce que

---

aux particules fines issue de l'activité agricole durant l'état d'urgence », Lebon 2020.

1) Pendant presque trois années, il aura existé un article L. 511-3-1 dans le Code de l'éducation, à la suite de la loi pour une école de la confiance, en date du 26 juillet 2019. Il prévoyait que : « *Aucun élève ne doit subir, de la part d'autres élèves, des faits de harcèlement ayant pour objet ou pour effet une dégradation de ses conditions d'apprentissage susceptible de porter atteinte à ses droits et à sa dignité ou d'altérer sa santé physique ou mentale* ». Cf. Aude DENIZOT, Le harcèlement scolaire estropié par la loi pour une école de la confiance, RTD civ. 2019. 952.

2) Chantal MATHIEU, Marie-Madeleine PÉRETIÉ et Alex PICAULT, Le droit à la déconnexion : une chimère ? Rev. trav. 2016. 592.

chacune survient dans un temps où deux évènements se mettent à coexister. Or, en matière de corrélation, les deux évènements coexistent par pur hasard. En revanche, concernant la causalité, un évènement initial (la cause) précède et entraîne un second (la conséquence).

279. – Des observations sociologiques fondent ou confirment ce propos (1). Par exemple, dans trois collèges de Mantes-la-Jolie des absentéistes avaient été suivis au premier trimestre de l'année 1999. Or seulement la moitié d'entre eux se seront singularisés par la commission d'actes délictueux. Il s'agissait alors d'atteintes bêtes et méchantes à des biens (vandalisés, tagués, etc.) ; de même qu'il pouvait être question d'appropriations illicites de biens d'autrui.

280. – Selon des observations plus anciennes : « *Si absences répétées et délinquance existent chez les mêmes sujets, la relation de cause à effet entre l'un et l'autre, ou l'existence dans un même processus, d'étapes vers la délinquance, dont l'une serait constituée par des absences de plus en plus nombreuses, est loin d'être généralisable* » (2). L'auteure précise en plus que, même sans diplôme et sans emploi, les jeunes ne verseraient pas tous dans la délinquance. Car ils seraient « *souvent gardés au sein des familles* » (3).

281. – Les pouvoirs publics cherchent parfois à pénaliser les parents des sauvageons en les frappant au portefeuille. Or ce

---

1) Arnaud COCHE, Faut-il supprimer les expertises de dangerosité ?, RSC 2011 p.21 ; D.-P. FARRINGTON, Les signaux précoces de l'agir délinquant fréquent, Criminologie, 1986, n° 2, p 23.).

2) Maryse ESTERLE-HEDIBEL, absentéisme, déscolarisation, décrochage scolaire, les apports des recherches récentes, Médecine & Hygiène, Déviance et Société », 2006/1 Vol. 30, pages 41 à 65, https://www.cairn.info/revue-deviance-et-societe-2006-1-page-41.htm).

3) Idem.

sont généralement des pauvres dont les allocations familiales représentent une part importante de leur budget familial. À ce propos, un homme politique (certainement de gauche) a tenu ce discours : « *Avec la droite, les familles monoparentales stigmatisées se voyaient reprocher d'entraîner une augmentation de la délinquance juvénile. Les familles les plus vulnérables, dans le même esprit, étaient menacées de suspension des allocations familiales pour cause d'absentéisme scolaire* » (1).

282. – Il est entendu que cet absentéisme scolaire se voit imputer en tout ou partie la délinquance juvénile. Aussi, « *un projet de stigmatisation et de punition a succédé à un projet d'identification et d'intégration* » (2). De fait, une mesure d'amputation des allocations familiales ou du quotient familial agace plus qu'elle n'appauvrit les personnes riches (3). Mais comme il est professé : « *Percevoir trop ou pas assez, source de discriminations* » (4).

283. – Une autre inégalité entre familles d'enfants délinquants concerne l'accès à la justice. Bien sûr qu'il serait excessif de parler de justice de classe en Europe de l'ouest (5). Toutefois,

---

1) Marc-Pierre MANCEL, Secrétaire national chargé de la santé, de la protection sociale, et de la famille (au parti socialiste). https://www.parti-socialiste.fr/comprendre/sante-solidarites-et-protection-sociale/une-politique-familiale-plus-juste-plus-proche-des-besoins-des-familles-plus-dynamique/

2) Roger MONJO, L'école peut-elle être, à la fois, libératrice et obligatoire ?, Presses universitaires de Caen | « Le Télémaque », 2013/1 n° 43 | pages 87 à 102, https://www.cairn.info/revue-le-telemaque-2013-1-page-87.htm.

3) Françoise MONÉGER, La politique familiale du gouvernement, valse hésitation autour de la mise sous condition de ressources des allocations familiales, RDSS 1998. 605.

4) Christophe WILLMANN, Non-recours, cause et effet de discriminations aux prestations sociales, Droit social 2025. 436.

5) Rédaction, Justice de classe, vraiment ? Les cahiers de la justice 2017. 1.

lorsque des garanties de représentations sont attendues d'un justiciable, l'enfant de la famille bourgeoise les présentera sans peine. Il exhibera sans coup férir la preuve de l'exercice d'un emploi ou de la possession d'un logement (1). La différence apparaît également au niveau du conseil juridique souhaitable dans un cadre similaire. Car l'un s'offrira le meilleur défenseur possible, tandis que l'autre se contentera d'un avocat commis d'office.

284. – Les milieux populaires rencontrent une discrimination ou une condescendance lorsqu'il est question des infractions de leurs enfants ; même à l'étranger. Par exemple, une revue de lecture de quotidiens britanniques de 1911 rendait compte d'une grève quasi-nationale des écoliers anglais. À cette occasion « *la presse incrimina souvent la "truant class", la classe des élèves faisant l'école buissonnière que l'on trouva au premier rang dans les meetings, les manifestations mais aussi dans les bagarres et les attaques de bâtiments scolaires* » (2).

Conclusion

Quand un mineur est livré à la justice (et plus précisément au juge des enfants), sans doute est-ce parce qu'il aura commis diverses infractions plus ou moins graves. L'idée commune est qu'il était prédisposé à la délinquance. Grosso mode, il sera vu

1) Les gens du voyage et les étrangers souffriront toujours d'une sorte de défaveur. Cf. Cour de cassation, 2e civ. 16 octobre 1996, Les garanties de représentation d'un étranger qui peuvent justifier son assignation à résidence sont souverainement appréciées par les juges du fond D. 1998. 23.

2) Danièle RANCIÈRE, La grève des écoliers, Association Vacarme | « Vacarme », 2004/1 n° 26 | pages 41 à 46, https://www.cairn.info/revue-vacarme-2004-1-page-41.htm).

comme un coupable et, parallèlement, comme une victime ; ancienne, actuelle ou prochaine. En tous cas, l'espoir de la collectivité sera que ce jeune ne s'installe nullement dans la délinquance. Il devrait en effet pouvoir devenir un membre utile et honorable de la Nation.

Malheureusement, les structures alors mises en place pour la protection et la rééducation des mineurs en perdition souffrent de façon chronique d'un manque de places, de personnel et de matériel. Il s'ensuit que nos petites terreurs risquent souvent de demeurer dans leur quartier. Or ils y fanfaronneront alors dans les halls d'immeubles ou dans les rues et places. En d'autres termes, ils nargueront donc les honnêtes gens, lesquels pourraient hélas mal réagir.

C'est dans ce contexte que l'on se figure que la prison les empêcherait certainement de nuire à nouveau. Surtout que les conditions indignes d'enfermement ne devraient normalement pas inciter les intéressés à redemander la prison. Car, outre la promiscuité et la saleté, le bruit y règne. Concrètement en effet, le prisonnier est réveillé par l'alternance ou le cumul de la clameur de supporters ; par les pleurs de douleur ou de désespoir ; ainsi que par les cris de folie. Curieusement, la récidive persiste quand même...

De fait, obtenir « *un homme nouveau* », un citoyen modèle, grâce à quelques mesures paraît illusoire. Ce triste constat est partagé même par les contrées où se pratique le lavage de cerveau, ou bien la reprogrammation de l'individu. Certes, la France opte aussi pour une rééducation. Mais celle-ci demeure conforme aux droits de l'homme. Le pari français de la rééducation s'impose d'autant plus à l'esprit que les bagnes pour mineurs n'auront jamais été un modèle d'humanité ou même d'efficacité.

L'idée est de faire prendre conscience des méfaits perpétrés puis de favoriser l'empathie envers des victimes potentielles. Autrement dit, les jeunes délinquants (alors transfigurées) se garderaient à l'avenir de porter atteinte aux personnes ou aux biens d'autrui. Le juge des enfants est chargé de leur appliquer une politique plutôt duale, laquelle combine douceur et fermeté. Ce juge prononce d'ailleurs parfois des sanctions similaires à celles classiquement subies par les adultes.

Au fond, exception faite de la grande masse des personnes indifférentes à la question de la délinquance des mineurs, deux camps s'affrontent. L'un dénonce le confondant laxisme qui encouragerait la dérive infractionnelle des jeunes, tandis que l'autre camp dénie à la prison le moindre effet rédempteur. Au contraire, l'emprisonnement ressemblerait même à un stage de perfectionnement du futur criminel.

En vérité, la rééducation des mineurs délinquants s'impose comme la meilleure solution dans une société humaniste. Sachant que bon nombre d'entre eux gagneront heureusement le droit chemin, et ne seront donc pas récidivistes. De plus, l'éducation de base des enfants (par la famille et par l'école) suffit souvent pour faire de bons citoyens. En tous cas, la majorité des adultes criminels n'auront jamais autrefois fréquenté le bureau du juge des enfants.

LA RECONFIGURATION STRUCTURELLE DE L'ACCÈS AU JUGE PÉNAL TOGOLAIS

Komlan ALEMAWO
Agrégé en droit privé et sciences criminelles
Enseignant-chercheur à l'Université de Kara (Togo)
Doyen de la Faculté de Droit et de Sciences Politiques

Résumé : L'article propose un tour d'horizon sur l'accès au juge répressif au Togo. C'est un état des lieux qui relève des progrès structurels, mais aussi des faiblesses. En tous cas, la séparation des fonctions dans les juridictions répressives se présente mieux aujourd'hui qu'hier. Il en va de même de la garantie du double degré de juridiction qui n'était opérationnelle qu'en matière correctionnelle. Toutefois, l'éloignement de la justice pénale du citoyen reste encore regretté ; un éloignement aussi bien intellectuelle que géographique.

Mots clefs : Double degré de juridiction, gratuité de la justice répressive, accès libre et universel, juridictions répressives spécialisées

Abstract : This article provides an overview of access to criminal justice in Togo. It highlights structural progress, but also weaknesses. In any case, the separation of functions in criminal courts is better today than it was yesterday. The same is true of the guarantee of a two-tier jurisdiction, which was only operational in correctional matters. However, the distance between criminal justice and the citizen is still regretted; a distance that is both intellectual and geographical.

Keywords : Two-tier jurisdiction, free criminal justice, free and universal access, specialized criminal courts

§§§§§§§§§§§§§§§

Introduction

1. – L'accès à la justice, un grand problème contemporain.
Un « *grand corps malade* »[1], un appareil « *en panne* »[2]...

Ce portrait souvent dressé de la justice en Afrique n'est pas des plus reluisants, et lorsque sont évoqués les grands problèmes de la justice contemporaine en Afrique, la question de l'accès au prétoire du juge prend rang parmi les premiers.

Certes, il serait exagéré de dresser un tableau totalement sombre de la justice en Afrique[3]. Mais, il est très souvent relevé

[1] Mamadou Ismaïla KONATE, Justice en Afrique : ce grand corps malade, La Sahélienne, 2018, 164 p.

[2] R. MOUTÉKÉ et I. LOCKO, « Protection des droits et des magistrats au Congo. Pathologie d'une justice exsangue », in droits de l'homme en Afrique centrale, colloque de Yaoundé, 9 au 11 novembre 1994, éd. Ucac-Karthala, 1996, p. 169.

[3] Alioune BADARA FALL, « Le juge, le justiciable et les pouvoirs publics : pour une appréciation concrète de la place du juge dans les systèmes politiques en Afrique », 2014, p. 24 et suivantes. Sur les nombreux reproches adressés à la justice en Afrique, voir aussi Abdellah BOUDHARAIN, « Pour une justice alternative expression d'une démocratie réelle et d'un développement humain et soutenable », RJ PIC, n° 3, septembre-décembre 1998, p. 355 ; Hyacinthe SARASSO, « La justice contre la corruption en Afrique aujourd'hui », in La justice en Afrique, p. 195 et suivantes. ; Filiga MICHEL SAWADOGO, « L'accès à la justice en Afrique francophone : problèmes et perspectives. Le cas du Burkina-Faso », RJPIC, 1995, p. 167 à 212.

qu'elle souffre de plusieurs maux bien connus : l'influence du pouvoir politique, la partialité, la corruption, la négligence, l'éloignement des tribunaux par rapport au domicile des justiciables, le faible nombre des juridictions, ou encore la lenteur des procès, etc.

Au Togo, une enquête conduite entre 2014 et 2015 avait révélé que 37% des togolais affirment faire « partiellement » ou « très partiellement » confiance aux tribunaux[1]. Environ 48% des togolais affirment que « la plupart » des juges et magistrats ou « tous » sont corrompus. Les citoyens qui ont répondu à la question de savoir quels sont les problèmes auxquels ils ont été confrontés ont évoqué les longs délais (48%), la complexité du système judiciaire (44%), le manque de conseil ou d'assistance judiciaire (39%), l'inattention des juges (36%) ou le caractère exorbitant des frais (28%), etc.

Des décennies déjà, l'avertissement était donné en ces termes : faute de pouvoir accéder à la justice, « *la justice elle-même serait un vain mot, une justice sans justice, en définitive, un déni de justice* »[2]. Concept juridique, grand pilier de l'État de droit, instrument de mesure d'une bonne gouvernance, la justice dont il est dit qu'elle est la gardienne des libertés individuelles nécessite d'être accessible au citoyen.

Cette prégnante préoccupation qui intéresse la justice en général n'épargne guère la justice pénale, d'autant que le juge répressif est au cœur desdites libertés. Au contraire, elle relance fortement le débat sur l'accès au juge répressif et

---

1 Pauline Wambua et Carolyn Logan, « Le système judiciaire togolais entre l'inconfiance populaire et les perceptions de corruption », Dépêche, N° 147 d'AFROBAROMETRE, 2017, p. 1 à 11.

2 René DÉGNI-SEGUI, « L'accès à la justice et ses obstacles », in L'effectivité des droits fondamentaux dans les pays francophones, 1995, p. 241 à 256.

trouve intérêt à être discutée dans la présente étude sur « *l'accès au juge répressif en droit positif togolais* ».

2. – Les précisions terminologiques.

Il est opportun d'apporter une précision terminologique aux termes de cette thématique. Dans une acception plutôt commune, le « *juge* » est un « *magistrat chargé de rendre la justice* »[1]. Cette définition plutôt laconique n'est pas suffisamment éloquente, car autant, elle renvoie à la l'acception du terme « *magistrat* », autant elle renvoie surtout à celle du terme « *justice* » qui est d'une curieuse polysémie.

C'est un terme à la fois « philosophique, juridique et moral ». La justice désigne ce qui est « idéalement juste, conforme aux exigences de l'équité et de la raison ; en ce sens la justice est tout à la fois un sentiment, une vertu, un idéal, un bienfait (comme la paix, une valeur ». C'est aussi, « ce qui est positivement juste ; ce à quoi chacun peut légitimement prétendre (en vertu d'un Droit) ; en ce sens la justice consiste à rendre à chacun le sien (sum cuique tribuere) et demander justice signifie réclamer son dû, son droit »[2].

Par ailleurs, la justice renvoie aussi à l'idée d'un service public chargé d'assurer la fonction juridictionnelle par opposition à la fonction législative et exécutive. Le terme justice recouvre ainsi « l'ensemble des institutions chargées de trancher les litiges qui peuvent opposer les particuliers entre eux ou avec les autorités publiques ». De la sorte, la justice s'entend aussi bien de la fonction juridictionnelle que de l'ensemble des juridictions en charge d'assurer cette fonction[3].

---

[1] https://www.larousse.fr/dictionnaires/francais/juge/45107, consulté le 20 avril 2024.

[2] Gérard CORNU (dir.), Vocabulaire juridique, PUF, 11e éd., 2015, p. 594.

[3] Idem. Jocelyn NGOUMBAGO KOHETO, L'accès au droit et à la justice des citoyens en République centrafricaine, thèse de doctorat, Dijon, 27 septembre 2013, p. 2 ; Natalie FRICERO, Les institutions Judiciaires, les

Le juge est donc mieux appréhendé comme une personne physique appartenant au corps judiciaire, quels que soient son degré[1], la nature de ses pouvoirs[2], l'origine de son investiture[3] ou sa composition[4] et dotée à titre professionnel d'un pouvoir juridictionnel, celui de dire le droit, de trancher les litiges au nom de l'État ou du peuple.

Cette précision permet de distinguer le juge de l'arbitre avec qui il partage en effet la fonction de trancher les litiges. S'il est vrai que le juge partage avec l'arbitre l'attribut de trancher les litiges, désigné par le terme « juridictio », l'arbitre tient sa mission d'une convention d'arbitrage, donc des parties, contrairement au juge qui le tient de l'État. De la sorte, le juge, contrairement à l'arbitre est investi de l'« impérium », cette parcelle de puissance publique dont le juge, à la différence de l'arbitre est investi et qui lui permet notamment de requérir la force publique, d'ordonner une astreinte[5].

L'adjonction du terme « répressif » autorise d'affiner l'étendue de ses attributions. Ainsi, le juge répressif est chargé d'examiner les circonstances, la gravité des infractions poursuivies par-devant lui, de statuer sur la culpabilité précise de leurs auteurs, voire d'assurer l'exécution des peines prononcées. Le juge répressif désigne aussi la juridiction répressive, chargée d'assurer la prévention et la répression des infractions, qu'il s'agisse de la juridiction d'instruction, des libertés et détentions, du jugement ou de l'application des peines[6].

---

principes fondamentaux de la justice, les organes de la justice, les acteurs de la justice, Mémentos LMD, 2e éd., Lextenso, 2012, p. 15.

[1] En première instance, en appel ou en cassation.

[2] Qu'il soit un juge du fond ou du droit.

[3] Qu'il soit investi de sa mission par son État ou par plusieurs États.

[4] Qu'il soit unique ou collégial.

[5] Gérard CORNU (dir.), Vocabulaire juridique, préc., p. 524, 582 et 631.

[6] Ici, le juge répressif est à la fois le juge d'instruction, le juge des libertés et détentions, le juge du jugement, voire le juge de l'application des peines.

Si dans le sens commun l'« *accès* » renvoie à la possibilité d'aller dans un lieu, ou la voie qui permet d'y entrer[1], il s'agit juridiquement et selon le sens approprié au présent contexte d'un droit subjectif, le « *droit pour un particulier d'opérer une démarche auprès d'un service public pour la défense de ses intérêts* »[2]. Ainsi, l'accès au juge répressif peut être appréhendé comme une prérogative en vertu de laquelle une personne s'adresse au juge répressif afin que la cause qu'il y fait entendre soit appréciée.

À la réalité, l'accès au juge répressif est tributaire du droit général de l'« *accès à la justice* », reconnu comme « *une disposition reconnue par la loi à une personne impliquée dans une situation de fait, de voir son cas apprécié par un juge, organe indépendant, sur la base d'une règle de droit clairement définie* »[3]. C'est ce que la doctrine qualifie, selon des expressions connues, de « *droit au recours* »[4], de « *droit au juge* »[5].

L'accès à la justice est aussi à distinguer de l'« accès au droit », même si les deux sont fondamentalement liés. Pour certains auteurs, l'accès à la justice peut être un moyen d'accès au droit et l'accès au droit peut aussi être une alternative à l'accès à la justice. D'une part, recourir à la justice permet d'obtenir le droit réclamé. D'autre part, l'on peut obtenir le droit ou avoir accès au droit directement sans passer par une procédure judiciaire, « la case justice ». En outre,

---

[1] Alain REY (dir.), Dictionnaire de langue française, Le Robert, éd. 1997, p. 8.

[2] Gérard CORNU (dir.), Vocabulaire juridique, préc., p. 10. Juridiquement, l'accès signifie aussi « l'admission dans un corps ou à l'exercice d'une profession en général subordonnée à des conditions réglementées ». Dans ce contexte, il s'agit par exemple de l'accès à la fonction publique ou de l'accès au barreau, etc.

[3] Joël RIDEAU (dir.), Le droit au juge dans l'Union européenne, LGDJ, 1998, p. 7.

[4] Thierry RENOUX, « Le droit au recours juridictionnel », JCP, 1993, I, 3675.

[5] Joël RIDEAU (dir.), préc.

ISSN 3096-8143

d'autres voient entre les deux un lien circulaire, car il faut avoir accès au droit pour avoir accès au juge et il faut avoir accès au juge pour avoir accès au droit [1].

Quant au droit positif, il désigne l'ensemble des règles de droit objectif en vigueur dans un pays donné à un moment donné, par opposition à un droit naturel, idéal ou par opposition à un droit abrogé[2]. Ainsi, le sujet sur l'accès au juge répressif au Togo invite à mener la réflexion sur le chemin menant à l'office du juge pénal, en ayant pour repères les règles juridiques applicables au Togo.

3. – L'accès au juge pénal au Togo, une préoccupation foncière.
Suivant cette formule universellement connue des instruments juridiques internationaux, « *toute personne a droit à ce que sa cause soit entendue. Ce droit comprend : a. le droit de saisir les juridictions nationales compétentes de tout acte violant les droits fondamentaux qui lui sont reconnus et garantis par les conventions, les lois, règlements et coutumes en vigueur ; b. le droit à la présomption d'innocence, jusqu'à ce que sa culpabilité soit établie par une juridiction compétente ; c. le droit à la défense, y compris celui de se faire assister par un défenseur de son choix ; d. le droit d'être jugé dans un délai raisonnable par une juridiction impartiale* »[3].

---

1 Marie-Anne FRISON-ROCHE, « Le droit d'accès à la justice et au droit », in Libertés et droit fondamentaux, 16e éd., Dalloz, p. 524 ; Jacques RIBS, « L'accès au droit », in Libertés, Mélanges Jacques ROBERT, Montchrestien, 1998, p. 415 à 430.

2 Gérard CORNU (dir.), Vocabulaire juridique, préc., p. 778.

3 C'est la disposition de l'article 7, § 1 de la Charte africaine des Droits de l'Homme et des Peuples. Il peut être lu sensiblement le même contenu à l'article 6, § 1 de la Convention européenne de sauvegarde des Droits de l'Homme (CESDH) dont il faut rappeler le contenu en ces termes : « Toute personne a droit à ce que sa cause soit entendue équitablement et publiquement et dans un délai raisonnable, par un tribunal indépendant

L'accès à tout juge, indépendamment de sa spécialité[1], jouit d'un ancrage universel[2] et constitutionnel[3] au Togo. Si l'ancrage textuel de l'accès à la justice pénale n'y souffre pas de grandes difficultés, certaines situations restent préoccupantes et dessinent encore un « *chemin* » laborieux menant au juge répressif au Togo. Les écueils y relatifs sont de plusieurs ordres qu'ils soient géographiques, sociaux, économiques, culturels, politiques, financiers, voire psychologiques, etc.

S'il est dénombré quelques juridictions répressives plus aujourd'hui qu'hier, il est aussi légitime de s'interroger sur leur suffisance en nombre, voire leur égale répartition ou couverture sur l'étendue du territoire togolais. Il semble aussi que l'organisation des juridictions répressives décourage ceux qui sont peu accoutumés à cette organisation.

En outre, les juridictions répressives se présentent comme éloignées des justiciables qui préfèrent dans certains cas recourir aux modes non juridictionnels. En ce sens : « ni l'arrivée du juge occidental à l'époque coloniale ni l'institution des

---

et impartial défini par la loi, qui décidera, soit des contestations sur ses droits et obligations de caractère civil, soit du bien-fondé de toute accusation en matière pénale dirigée contre elle ».

[1] Qu'il soit civil, administratif ou pénal, etc.

[2] La Déclaration universelle des Droits de l'Homme dispose en son article 10 que : « toute personne a droit à ce que sa cause soit entendue, équitablement, publiquement, et dans un délai raisonnable, par un tribunal indépendant qui décidera, soit des contestations sur ses droits et obligations de caractère civil, soit du bien-fondé de toute accusation en matière pénale dirigée contre elle ».

[3] L'article 19 de la constitution togolaise du 14 octobre 1992 dispose que « toute personne a droit en toute matière à ce que sa cause soit entendue et tranchée équitablement dans un délai raisonnable par une juridiction indépendante et impartiale ». Cette disposition se retrouve désormais à l'article 7 de la déclaration solennelle des droits et devoirs fondamentaux des personnes et des citoyens, annexée à la Constitution togolaise du 6 mai 2024.

juridictions modernes après l'indépendance n'ont fait disparaître la pratique coutumière de « l'arbre à palabre » aux origines lointaines » [1].

Au surplus, les nouvelles formes de criminalités économiques et financières invitent à repenser la spécialisation des juridictions qui paraissent peu outillées pour y faire face. Ces préoccupations convient à s'interroger sur les garanties qu'offrent les juridictions répressives togolaises de sorte à apporter satisfaction ou à être attrayantes aux yeux des citoyens. Il se dégage ainsi une préoccupation fondamentale : le chemin menant au juge répressif au Togo est-il facile d'accès de sorte à encourager les citoyens à lui faire recours ?

4. – L'amélioration de l'accessibilité au juge pénal togolais.

Il n'est pas superfétatoire de souligner quelques efforts notables de modernisation et de réforme de la justice répressive au Togo qui contribuent à l'amélioration de l'accessibilité au juge pénal. Dans ce sens, la révision de l'organisation judiciaire par la Loi n° 2019-015 du 30 octobre 2019 portant code de l'organisation judiciaire, qui abroge l'Ordonnance n° 78-35 du 7 septembre 1978, peut être citée en exemple.

La refonte même du Code pénal togolais en 2015 par la Loi n° 2015-010 du 24 novembre 2015 portant nouveau code pénal togolais peut aussi être relevée. Le livre blanc du gouvernement sur les recommandations de la Commission vérité, justice et réconciliation s'inscrit également dans cette

---

[1] Alioune Badara Fall, « Le juge, le justiciable et les pouvoirs publics : pour une appréciation concrète de la place du juge dans les systèmes politiques en Afrique », in Biblioteca Digital Jurídica do Superior Tribunal de Justiça, 2003, p. 31.

dynamique[1]. Ce livre recommande au gouvernement, entre autres, le renforcement et l'amélioration de l'accès à la justice à tout justiciable[2].

Par ailleurs, la « Politique Nationale de la Justice »[3] adoptée en 2020 peut aussi être citée comme faisant partie des efforts des pouvoirs publics de débarrasser la justice togolaise de ses nombreux problèmes, dont son difficile accès. Pourtant, ces efforts n'occultent pas les insuffisances ou préoccupations précédemment relevées.

5. – Les enjeux de l'accès au juge pénal togolais.

Traiter de ces préoccupations est intéressant à plus d'un titre, car elles permettent de réaliser un diagnostic de l'accès au juge pénal au Togo. Le diagnostic permet de dresser un état des lieux du chemin conduisant à celui-ci. Cette étude a ainsi le mérite de mettre en exergue les enjeux de l'accès au juge répressif aujourd'hui.

Elle remet au gout du jour non seulement les efforts de rapprochement de la justice pénale avec les citoyens, mais

---

[1] Voir le Décret n° 2014-104/PR portant adoption du livre blanc du gouvernement togolais, Journal officiel de la République togolaise du 8 mai 2014.

[2] Ce livre recommande au gouvernement de réformer le système judiciaire, notamment en poursuivant plus activement la consolidation de l'indépendance de l'institution judiciaire et de la magistrature afin de rendre l'administration de la justice plus performante et plus efficace.

[3] Ce document « couvrant la période 2021 - 2025 se décline en quatre programmes : le pilotage et soutien du secteur de la justice ; la justice judiciaire ; l'accès aux droits et à la justice ; l'administration pénitentiaire et les conditions de détention. Il développe aussi une politique pénitentiaire conforme aux règles respectueuses des droits et impulse un management axé sur la performance du secteur » ; consulté le 3 juin 2024 sur Environnement des affaires : le document de la politique nationale de la justice validé – ATOP, https://atop.tg/.

encore permet d'en ressortir les insuffisances, sinon les obstacles pour en proposer des mesures permettant de les pallier en vue d'un meilleur accès.

6. – Le contraste du progrès et des regrets concernant le renouveau de l'accès au juge répressif.

En admettant que toute réforme du droit doive conduire au progrès, il ne faudrait pas perdre de vue que le progrès qui est un idéal et une finalité du droit n'est pas toujours atteint avec une totale satisfaction pour tous[1].

De ce point de vue, si globalement, dans le cadre de cette étude, la marche du droit va vers le progrès lorsqu'il est comptabilisé les avancées des réformes du droit pénal et surtout de la refonte de l'organisation judiciaire au Togo, la satisfaction reste mitigée pour l'analyste qui s'intéresse au détail en ce qui concerne la rationalité, le coût d'opportunité, la simplification et la facilitation de l'accès au juge répressif à l'issue de la nouvelle organisation judiciaire par la Loi n° 2019-015 du 30 octobre 2019. En effet, le progrès de la Loi n° 2019-015 du 30 octobre 2019 est indéniable en ce qu'elle améliore l'offre d'accès au juge répressif par une diversification et une

---

[1] Voir notamment, Michel VILLEY « Philosophie du droit – définitions et fins du droit », Bibliothèque Dalloz, 2019, n° 24 ; Jean-Pierre MARGUENAUD, « Propos introductifs » in Le progrès et le droit, Actes du colloque organisé par Hémisphère Droit, Association des doctorants et des jeunes docteurs en Droit de l'Université de Tours, Faculté de droit, d'économie et de sciences sociales de l'Université de Tours, 12 février 2014, p. 3. Selon celui-ci, « Le progrès est, en effet, inscrit dans le droit européen des droits de l'Homme depuis que la Cour européenne des droits de l'Homme a affirmé, à partir des arrêts Tyrer c / Royaume-Uni du 25 avril 1978 relatif aux châtiments corporels et Marckx c/ Belgique du 13 juin 1979 célèbre pour s'être intéressé aux droits des enfants naturels, que la Convention de sauvegarde des droits de l'Homme et des libertés fondamentales du 4 novembre 1950 (ci-après CEDH) « doit s'interpréter à la lumière des conditions d'aujourd'hui ».

spécialisation plus significatives, mais aussi, elle améliore la garantie du double degré de juridiction.

En revanche, les justiciables seraient moins heureux de la nouvelle configuration des juridictions et, spécialement, de la reconfiguration des juridictions répressives qui, par leur diversité et, surtout, leur éloignement ne faciliteraient pas vraiment un accès serein et sûr au juge[1]. De ces données d'analyse contrastée des acquis de la Loi n° 2019-015 du 30 octobre 2019 et de la prospection de ses incidences sur l'accès au juge répressif au Togo, l'affirmation d'un progrès s'impose au regard de la reconfiguration structurelle de l'accès au juge répressif tandis que les regrets surgissent de la défiguration labyrinthique des chemins menant au juge répressif.

7. – Le visage rénové des juridictions répressives.

Avec la Loi n° 2019-015 du 30 octobre 2019 portant Code de l'organisation judiciaire[2], le paysage judiciaire togolais s'est inscrit dans une dynamique qui présente un nouveau visage et laisse observer une profonde réorganisation structurelle des juridictions divisées en juridictions de droit commun[3] et juridictions spécialisées[4].

---

[1] Michel VILLEY « Philosophie du droit – définitions et fins du droit », préc. n° 25 où l'auteur met en exergue une finalité d'un « service des hommes ».

[2] Cette loi abroge l'ordonnance n° 78-35 du 7 septembre 1978 portant organisation judiciaire.

[3] Au sens de l'article 2 alinéa 8 de la Loi n° 2019-015 du 30 octobre 2019 portant code de l'organisation judiciaire, il s'agit d'un « tribunal ou cour ayant compétence générale pour statuer sauf lorsqu'un texte spécial exclut une matière ou une qualité ».

[4] Au sens de l'article 2 alinéa 9 de la Loi n° 2019-015 du 30 octobre 2019 portant code de l'organisation judiciaire au Togo, il s'agit d'un « tribunal ou

L'idée d'un progrès structurel de cette réorganisation s'infère de l'enrichissement des composantes avec notamment le constat d'une diversification des juridictions[1] et l'apparition de nouvelles figures[2], d'une part, au même moment que se réalise une stratification de celles-ci en adéquation avec l'idéal du double degré de juridiction, d'autre part. Dans ce progrès, les juridictions répressives s'en sortent plus étoffées et plus diversifiées avec des stigmates de juridiction répressive de droit commun comportant par endroits des juridictions répressives spécialisées.

Au-delà de tout, le progrès de la reconfiguration structurelle des juridictions répressives togolaises est davantage ressenti dans l'amélioration de l'offre juridictionnelle répressive **(I.)** et dans la libéralisation de la garantie du double degré de juridiction **(II.)**.

I – L'amélioration de l'offre juridictionnelle répressive

8. – Plan

Le libre accès pour tous, la disponibilité et le moindre coût, voire la gratuité, sont quelques critères d'appréciation de la qualité d'un service public. À la recherche de ces critères dans le nouvel ordre d'accès à la justice répressive togolaise avec les dernières réformes du code pénal et, surtout du code de l'organisation judiciaire et en attendant le nouveau code de procédure pénal, en chantier, il est observable d'ores et déjà,

---

cour ayant compétence pour les seules matières qui lui sont attribuées par un texte de loi particulier ou en vertu de la qualité du justiciable ».

[1] Voir notamment, articles 21, 22, 58, 67, 69, 88.

[2] Notamment le tribunal de grande instance, tribunal criminel, la chambre criminelle des cours d'appel, le tribunal militaire, la cour criminelle d'appel, la chambre spécialisée des mineurs.

une amélioration de l'offre d'accès au juge pénal à travers l'amélioration du libre accès pour tous au juge pénal (**A.**) et la disponibilité par une diversification de l'offre répressive (**B.**).

A – L'amélioration du libre accès aux juridictions répressives

9. – L'idée du libre accès.

Le libre accès fait référence à une réalité sociologique : la *« open access »* qui implique la disponibilité sans entraves, immédiate et gratuite d'une chose, notamment une information. Cette réalité, appliquée à un service public, notamment à la justice répressive, incline à rechercher et percevoir notamment : une liberté d'accès pour tous, une gratuité, une célérité, une attention, une équité et une efficacité. Ces critères d'appréciation du libre accès au service public sont-ils observables actuellement dans la justice répressive togolaise ?

Si l'idéal est une quête permanente vers lequel les réformes successives tendent pour mieux appréhender le futur, le présent de la justice répressive togolaise relève des avancées tangibles en termes de libre accès au juge pénal à travers un droit d'accès universel, une gratuité et une consécration de l'aide juridictionnelle qui constituent, ensemble, des standards universellement usités pour l'appréciation de la qualité de l'accès à la justice

10. – L'accès universel à la justice.

La Loi n° 2019-015 proclame et consacre l'accès universel à la justice en disposant que : « T*oute personne a droit à ce que sa cause soit examinée et la décision rendue dans un délai raisonnable par une juridiction compétente légalement établie* »[1]. Ce dispositif ne contredit pas le Doyen RIVERO qui

[1] Article 4.

rappelait à juste titre que « *la justice est un service public dont la raison d'être est l'usager* »[1].

La juridiction répressive n'échappe pas à cette exigence qui fait de l'usager la raison d'être de la justice. Dans ce sens, l'accès au juge répressif doit être aisé afin de permettre aux justiciables de faire valoir leurs droits. Pour ce faire, l'amélioration de l'offre juridictionnelle répressive est nécessaire. Nonobstant des insuffisances qui peuvent être dénombrées, la juridiction répressive au Togo fait preuve d'une visible amélioration de son offre.

11. – La gratuité de la justice répressive.

Sous réserve des droits de timbre et d'enregistrement, des honoraires des auxiliaires de justice et des frais nécessaires pour l'instruction des procès ou l'exécution des décisions judiciaires, l'article 15 du Code d'organisation judiciaire au Togo de 2019 prescrit que : « *la justice est gratuite* ». Cette gratuité de la justice est d'autant plus marquée devant la juridiction répressive qu'« *en matière pénale ou dans tout autre cas prévu par la loi, le Trésor public avance et, le cas échéant, supporte tous les frais de justice à la charge du ministère public* »[2].

À rebours des autres juridictions, la juridiction répressive reflète le mieux la gratuité de la justice. Les autres juridictions, à l'exemple de la juridiction civile, sont souvent taxées de faire supporter aux justiciables des « coûts élevés ». Par-devant les juridictions civiles au Togo, l'introduction d'une instance civile procède dans bien des cas par une assignation qui coûte trente mille francs CFA auxquels s'ajoutent des frais d'enrôlement

---

[1] Jean RIVERO, « Sanction juridictionnelle et règle de droit », in Mélanges Julliot de la MORANDIÈRE, Dalloz, 1964, p. 457.

[2] Voir l'article 15 du Code de l'organisation judiciaire de 2019.

du dossier qui coûtent neuf mille francs CFA en première instance et quasiment le double au second degré.

Ce total de trente-neuf mille francs CFA comme frais d'introduction d'instance est déjà supérieur aux deux tiers du Salaire minimum interprofessionnel garanti (SMIG) au Togo[1]. Or, par-devant la juridiction répressive, l'introduction d'une instance peut s'opérer par une simple plainte déposée au secrétariat du Procureur de la République ou au Commissariat de police.

12. – L'effectivité de l'aide juridictionnelle devant le juge répressif. Mieux, la juridiction répressive est la plus illustrative de la réalisation ou de l'effectivité de l'aide juridictionnelle. Bien que prévue par la Loi n° 2013-010 du 27 mai 2013[2], l'aide juridictionnelle n'est que très peu effective dans le prétoire du juge civil, alors que dans le prétoire du juge pénal cette aide est très concrète. En témoigne en matière criminelle la commission d'office d'un avocat pour la défense de l'accusé, ou encore la commission des interprètes pour assurer la traduction des propos du prévenu ou accusé, de la victime ou des témoins « analphabètes »[3].

En outre, la victime a la possibilité de se greffer à l'action pénale du ministère public, de sorte qu'elle tire avantage de toutes les actions de celui-ci, puisque la procédure est conduite sous

---

[1] Le SMIG au Togo passe en 2023 de 30.000 à 52.500 francs CFA, conformément à l'arrêté N° 3790/MFPTDS/DGT du 31 décembre 2022.

[2] La Loi n° 2013-010 du 27 mai 2013 portant aide juridictionnelle au Togo ; voir les articles 2, 4, 7, 8, 9, 41, 43.

[3] Il s'agit ici de ceux qui ont des difficultés à s'exprimer dans la langue officielle, le français. On notera qu'en France aussi beaucoup de citoyens se sentent exclus à cause leur méconnaissance de la langue. Voir Clotaire MOULOUNGUI, L'absentéisme dans les formations, préf. Catherine COUTURIER, Didactijuris, 2025.

ISSN 3096-8143

l'égide du ministère public sur la base des fonds publics. Les parties civiles au procès bénéficient ainsi de certains avantages comme la recherche des éléments de preuve par les officiers de police judiciaire. De même, l'effectivité des tribunaux militaires[1] contribue à l'amélioration de l'offre juridictionnelle répressive. Cette dernière innovation vient enrichir l'offre juridictionnelle répressive qui s'améliore par sa diversification.

B - L'amélioration par la diversification de l'offre juridictionnelle répressive

13. – L'opérationnalisation des juridictions répressives spécialisées : les tribunaux militaires.

L'organisation judiciaire issue de l'ordonnance du 7 septembre 1978 était quelque peu modeste. Elle ne comptait comme tribunaux spécialisés que le tribunal du travail[2] et le tribunal pour enfants[3]. Bien que cette ordonnance ait prévu des juridictions d'exception, dont la Cour de sûreté de l'État[4] et le Tribunal spécial pour la répression des détournements des deniers publics[5], celles-ci n'étaient pas effectives[1].

---

[1] Consécration par la Loi n° 2019-015 en ses articles 22, 114 et 115 ; lancement de ses activités le 9 octobre 2023 ; premier jugement, Chambre criminelle du tribunal militaire, 8 novembre 2023, inédit.

[2] Article 1er B) 1° de l'Ordonnance n° 78-35, préc.

[3] Article 1er B) 2° de l'Ordonnance n° 78-35, préc.

[4] Voir l'article 49 de l'Ordonnance n° 78-35, préc.

[5] Voir l'article 50 de l'Ordonnance n° 78-35, préc. C'est cette ordonnance, portant institution du Tribunal spécial pour la répression des détournements de deniers publics, qui réglementait la composition, la compétence et les modalités de saisine de cette juridiction.

Les tribunaux militaires sont donc une création nouvelle de la Loi n° 2019-015, portant code d'organisation judiciaire au Togo, même si les juridictions militaires, en général, trouvent leur assise fondamentale dans la Constitution de la IVe République dans sa version révisée du 15 mai 2019[2] ou, plus récemment, dans l'article 59 de Loi n° 2024-005 du 6 mai 2024 portant Constitution de la République togolaise[3].

De fait, la création au Togo d'une juridiction spécialisée, chargée de connaître des infractions commises par les militaires, témoigne de l'amélioration de l'offre juridictionnelle répressive. Il est soutenu que « *le droit pénal militaire obéit à des règles différentes de celles du droit pénal général. Aussi l'infraction militaire est-elle soumise à un régime particulier, tant au point de vue de son jugement que de sa répression* »[4]. Les juridictions militaires permettent ainsi de juger effectivement les infractions militaires[5]. Elles permettent que

---

[1] Pour cause, l'article 119 alinéa 3 de la Constitution togolaise de la VIe République interdisait ces juridictions en disposant que « les juridictions d'exception sont prohibées ».

[2] L'article 119 alinéa 2 de la Constitution togolaise révisée en mai 2019 dispose que : « La loi organise la juridiction militaire dans le respect des principes de la Constitution ».

[3] « Les tribunaux spécialisés sont les tribunaux de travail, les tribunaux de commerce, les juges des enfants et les tribunaux pour enfants, les tribunaux et les cours d'appel militaires […] ».

[4] Bernard BOULOC, Droit pénal général, Dalloz, 25e éd., p. 200.

[5] Les « infractions militaires sont celles qui consistent en un manquement à la discipline et aux obligations militaires auxquelles sont soumis tous les militaires » ; voir Bernard BOULOC, Droit pénal général, préc., p. 200.

Conformément à l'article 47 du Code de justice militaire en vigueur, « les juridictions militaires sont compétentes pour instruire et juger 1) les infractions d'ordre militaire prévues par le présent code ; 2) les atteintes à la sûreté intérieure et extérieure de l'État impliquant des militaires et assimilés ; 3) les infractions de toute nature commises par des militaires et paramilitaires - en service ou à l'occasion du service; - dans les casernes, quartiers et établissements militaires ou chez l'hôte ».

les auteurs desdites infractions soient réprimés et que par ricochet les victimes obtiennent la satisfaction d'une justice rendue.

En se référant à la loi du 21 avril 2016 portant nouveau code de justice militaire[1], il est prévu à l'article 48 que les juridictions militaires sont habilitées à connaître des affaires militaires essentiellement pénales et jugent une catégorie particulière de justiciables : les militaires, les personnes assimilées, les réservistes et les prisonniers de guerre[2]. Ces juridictions militaires sont d'une part le tribunal militaire et d'autre part la Cour d'appel militaire dont les sièges sont à Lomé.

Loin de rester lettre morte, les textes instituant ces juridictions sont effectifs et ces juridictions sont bien opérationnelles. Le tribunal militaire dont les juges sont composés à la fois de magistrats de droit commun, et de magistrats militaires a ouvert sa toute première audience le lundi 23 octobre 2023[3]. Les audiences tenues ont permis de constater que les juridictions militaires disposent d'un parquet spécialisé dirigé au premier degré par un procureur militaire et ses substituts

---

1 Voir la Loi n° 2016-008 du 21 avril 2016 portant nouveau Code de justice militaire, adoptée en abrogation de la loi n° 81-5 du 30 mars 1981 portant Code de justice militaire au Togo.

2 L'article 48 du Code de justice militaire togolais dispose que « Sont justiciables des juridictions militaires 1) les militaires des forces armées togolaises et les personnels des corps paramilitaires relevant du ministère chargé de la sécurité, en activité, en service détaché, en position de non-activité ou en position hors cadre ; 2) les personnes assimilées ; 3) les personnels de la réserve opérationnelle ; 4) les prisonniers de guerre ».

3 Ce procès portait sur les chefs d'accusation suivants : complicité d'assassinat, complicité d'entrave au bon fonctionnement de la justice et de complot contre la sécurité intérieure de l'État.

près le tribunal militaire[1], ainsi que des juridictions d'instruction.

Il est permis de voir dans une telle organisation à la fois une garantie de la séparation des fonctions, mais aussi un gage d'une justice impartiale en raison du caractère mixe des juges du jugement qui sont composés des juges de droit commun et des juges militaires. Les juges militaires ont une expertise spécifique nécessaire pour traiter au mieux les affaires liées à la discipline militaire.

Ces juges, en dépit de leur formation militaire, reçoivent une formation judiciaire identique et au même titre que leurs homologues de droit commun. Ainsi, leur connaissance du droit et des procédures militaires est gage d'un traitement efficace des affaires impliquant des membres des forces armées.

14. – L'amélioration de la séparation des fonctions.

En sus, la poursuite, l'instruction et le jugement sont trois grandes phases importantes d'une procédure pénale qui méritent d'être séparées[2]. La Cour de cassation française affirmait dans un arrêt le principe qu'il y a une

---

[1] Voir les articles 18 et 19 du nouveau Code de justice militaire.

[2] La première (fonction de poursuite) est mise en œuvre par le Procureur de la République afin de rechercher les auteurs des infractions, de réunir les éléments de preuves pour mieux requérir leur condamnation devant les juridictions de jugement. La deuxième (fonction d'instruction) est assurée par le juge d'instruction ayant pour mission de rechercher l'existence d'une infraction, de déterminer qui en sont les auteurs, de préciser les circonstances dans lesquelles elle a été commise et lorsque cet ensemble d'éléments constitue à l'encontre de leurs auteurs des charges suffisantes, de les renvoyer devant la juridiction de jugement compétente. Il faut préciser que dans l'exercice de sa mission, le juge d'instruction instruit à charge et à décharge. La troisième (fonction de jugement) est chargée de dire le droit, de prononcer la condamnation ou non du présumé infracteur.

incompatibilité résultant « *de la nature des fonctions et du principe de justice qui ne permet pas qu'un magistrat puisse être dans la même affaire juge et partie* »[1]. Ainsi, un magistrat en charge des fonctions de poursuites, chargé de réunir les preuves contre un prévenu ou un accusé en vue de requérir sa condamnation devant une juridiction de jugement, ne doit pas siéger en tant que juge de jugement chargé de prononcer la sanction.

Au Togo et avant 2020, l'on dénombrait environ treize juridictions à effectif restreint qui ne militaient guère en faveur d'une bonne offre juridictionnelle. Pour cause, l'absence de confrontation d'idées, le risque de confirmation des charges, le risque d'arbitraire du juge unique ; ce qui crée dans l'esprit du citoyen une certaine méfiance qui contribue à l'inaccessibilité de la justice répressive.

Aujourd'hui, il est relevé une réduction de ces juridictions à effectif restreint. Cela améliorerait l'offre juridictionnelle, selon certains, à travers la garantie d'une bonne administration de la justice[2] et la garantie des droits des justiciables. Le recrutement d'un nombre plus important de magistrats pourrait améliorer l'offre juridictionnelle des juridictions répressives en pourvoyant dans toutes les juridictions un magistrat à chaque fonction.

Par ailleurs, il est permis de voir dans l'amélioration du double degré de juridiction un net progrès de l'accès au juge pénal.

---

[1] Crim., 17 février 1912, D 1913, I, 375.

[2] Par exemple, pour Marie-Anne Frison-Roche, « La concentration des moyens sur moins de juridictions peut produire au contraire une meilleure proximité, puisque plus de personnes et de moyens seront disponibles au bénéfice des justiciables », in « Le droit d'accès à la justice », préc., p. 527.

II – La libéralisation de la garantie du double degré de juridiction

15. – Plan

Le double degré de juridiction est un principe fondamental du procès qui garantit à toute personne de pouvoir faire réexaminer une décision de justice dont elle n'est pas satisfaite en portant sa cause devant une juridiction de rang supérieur. C'est très simplement la garantie du droit de faire appel. Une telle garantie n'était pas toujours bien assurée devant les juridictions répressives, surtout en matière criminelle[1].

Aujourd'hui, en droit togolais, un vent de faveur au libre accès à une juridiction répressive d'appel souffle aussi bien pour les justiciables en matière correctionnelle[2] qu'en matière criminelle[3] ou dans les affaires militaires avec l'existence des chambres correctionnelles près les cours d'appel[4] complétées par des cours criminelles d'appel[5] et une cour d'appel militaire[6] pour exprimer l'idéal d'une généralisation de la garantie du principe du double degré de juridiction. C'est cette

---

[1] Voir article 1er A, 2° de l'Ordonnance n° 78-35, préc. qui ne comportait pas de chambre criminelle dans sa liste.

[2] En effet, aux termes de l'article 61 : « La cour d'appel est compétente pour connaître :

1. des appels interjetés contre les décisions rendues en premier ressort par les juridictions inférieures […] » et le principe du double degré de juridiction porté par cette disposition était déjà affirmé par les prévisions de l'article 1er A, 2° de l'Ordonnance n° 78-35, préc. qui avait institué une chambre correctionnelle dans les cours d'appel.

[3] Articles 67 et 68 de la Loi n° 2019-015, préc.

[4] Article 58 de la Loi n° 2019-015, préc.

[5] Articles 21 et 67 de la Loi n° 2019-015, préc.

[6] Voir article 22 et le Chapitre IV : « Du tribunal militaire et de la cour d'appel militaire » du Titre III de la Loi n° 2019-015, préc.

généralisation qui justifie l'idée d'une libéralisation de la garantie du double degré de juridiction.

Il faut ainsi dire que ce vent de libéralisation de la garantie du double degré de juridiction souffle dans les prétoires pénaux dont les portes s'ouvrent en matière criminelle (**B.**) à l'instar de la matière correctionnelle dont les portes conservent, sans rideau de fer, leur accès au vent de l'appel (**A.**).

A – La conservation du double degré de juridiction en matière correctionnelle

16. – La tradition du double degré de juridiction en matière correctionnelle.

Il n'est pas exclu de voir dans la multiplicité des degrés de juridiction une forme de rallongement des procédures pouvant retarder le dénouement d'un procès pénal. Cependant, il faut y voir davantage une garantie pour le justiciable, puisque « *la réglementation et l'organisation des voies de recours ont pour finalité essentielle d'empêcher l'arbitraire, la partialité ou l'influence de pressions extérieures* »[1]. La pluralité des voies de recours traduit ainsi le souci de protection qui anime le législateur[2], car l'accès à la justice s'entend, au-delà d'un accès organique ou géographique, de toutes les garanties institutionnelles d'un bon procès, dont l'accès à un second

---

[1] Alioune BADARA FALL, « Le juge, le justiciable et les pouvoirs publics : pour une appréciation concrète de la place du juge dans les systèmes politiques en Afrique », préc., p. 31

[2] Magne Anne NESTORINE, « Recours contentieux et protection du contribuable dans la phase juridictionnelle du contentieux fiscal camerounais », in Revue espace géographique et société marocaine, n° 43-44, janvier 2021, p. 471.

examen de l'affaire. Cette exigence d'un second examen d'une affaire émane des instruments internationaux relatifs aux droits de l'homme, qui font partie intégrante de la Constitution togolaise[1]. Dans ce sens, l'article 14, paragraphe 5 du Pacte international relatif aux droits civils et politiques dispose que : « *Toute personne déclarée coupable d'une infraction a le droit de faire examiner par une juridiction supérieure la déclaration de culpabilité et la condamnation, conformément à la loi* ».

Au Togo, il est traditionnellement consacré un principe de double degré de juridiction en matière répressive en ce qui concerne les délits et certaines contraventions. L'existence des chambres des appels correctionnels[2], d'une chambre d'instruction, d'une chambre spéciale pour mineurs et d'une chambre de l'application des peines, notamment, dans les formations des cours d'appel[3] de Kara et de Lomé chargées de réexaminer tout recours contre les jugements en matière correctionnelle ou les ordonnances rendues par les juges d'instruction ou à l'encontre de leurs actes dans le cadre de l'ouverture d'une instruction préparatoire, témoigne de l'attachement à ce principe.

De manière générale, les chambres correctionnelles des cours d'appel sont les juridictions chargées de connaître en appel des recours contre les décisions rendues par les tribunaux de

---

[1] Il peut être lu dans le préambule de la Constitution togolaise de la Ve République du 6 mai 2024 que le Peuple togolais proclame cette Constitution pour préserver « l'État de droit fondé sur le pluralisme politique, les principes de la démocratie et la protection des droits de l'homme tels que définis par la Charte des Nations Unies du 26 juin 1945, la Déclaration universelle des droits de l'homme du 10 décembre 1948, les Pactes internationaux du 16 décembre 1966 (…) ».

[2] Articles 67 et suivants de la Loi n° 2019-015, préc.

[3] Article 58 de la Loi n° 2019-015, préc.

grande instance[1] et par les tribunaux d'instance à compétence correctionnelle et civile[2]. Il est aussi relevé au sein des cours d'appel, des chambres d'instruction (précédemment : chambres d'accusation[3]) qui assurent la garantie du double degré de juridiction en matière d'information judiciaire, permettant ainsi d'assurer un contrôle de l'instruction faite en première instance.

Cette organisation du double degré de juridiction pour les infractions moins graves existait depuis l'Ordonnance n° 78-35 du 7 septembre 1978 portant organisation judiciaire[4]. Il est soutenu par les dispositions de l'article 369 du Code de procédure pénale encore en vigueur au Togo en ces termes *« Les jugements du Tribunal de première instance peuvent être attaqués par la voie de l'appel »*.

De plus, le droit au juge du second degré au moyen de l'appel est quasi démocratique ou universel dans la mesure où il est ouvert, pratiquement, à toutes les parties intéressées par le procès pénal[5] et ces acquis ne sont pas remis en cause par la Loi n° 2019-015 qui au contraire les améliore.

Plus précisément et concrètement, le droit au double degré de juridiction est acquis contre aussi bien les actes de procédure pénale que contre les décisions des juridictions de première instance dès lors qu'une disposition spéciale ne l'exclut expressément[6]. Par exemple, les actes et décisions du juge

---

[1] Le tribunal de grande instance est le juge de droit commun en matière pénale ; voir l'article 75 de la Loi n° 2019-015, préc.

[2] Articles 89 et suivants la Loi n° 2019-015, préc.

[3] Article 1er, A, 2° de la Loi n° 78-35, préc.

[4] Article 1er, A, 2° de la Loi n° 78-35, préc.

[5] Article 370 du Code de procédure pénale togolais.

[6] Voir pour une exclusion de l'appel, article 134 al. 2 du Code de procédure pénale togolais.

d'instruction sont susceptibles d'appel devant la chambre d'instruction des cours d'appel[1].

De même, les ordonnances du juge d'instruction ne dérogent pas au droit d'appel. En effet, par suite d'une ordonnance de non-lieu, il est permis à la partie civile de pouvoir faire appel devant la chambre des appels correctionnels puisque la loi dispose que l'appel est recevable dans les délais de droit commun en matière correctionnelle[2] et que *« L'appel est porté devant la Chambre des appels correctionnels statuant dans les mêmes formes que le Tribunal »*[3].

Mais, il y avait lieu de s'interroger sur la nécessité d'un double degré de juridiction pour les infractions les plus graves à savoir les crimes. L'on pouvait lire, en France, dans le rapport sur le projet de loi portant réforme de la procédure criminelle ce qui suit : « *il paraît particulièrement anormal que pour les infractions moins graves que constituent les délits et certaines contraventions, il existe un double degré de jugement, alors que pour un crime, qui constitue par définition l'infraction la plus grave, on soit jugé en premier et dernier ressort* »[4].

---

[1] Articles 158 et 159 du Code de procédure pénale togolais.

[2] Article 74 al. 4 du Code de procédure pénale togolais.

[3] Article 74 al. 5 du Code de procédure pénale togolais.

[4] Jean-Marie GIRAULT, Sénateur, Rapport n° 275 : Réforme de la procédure criminelle, 1996/1997 ayant précédé l'introduction de la Loi du 15 juin 2000 en France, consulté le 26 mai 2024 sur https://www.senat.fr/rap/l96-275/l96-27521.html, Projet de loi portant réforme de la procédure criminelle - Sénat (senat.fr). Selon le même rapport, ce sentiment est aussi exprimé par le Haut comité en ces termes : « la discrimination qui existe à cet égard entre les dossiers ordinaires et les procédures criminelles est particulièrement injustifiable. Comment admettre que celui qui commet une infraction bénigne jouisse de garanties supérieures à celui qui se voit reprocher les infractions les plus graves, punies d'une peine d'emprisonnement de dix années au moins ? ».

ISSN 3096-8143

Cette motivation a sans doute été partagée par le législateur togolais qui a institué depuis la loi de 2019 portant code de l'organisation judiciaire un double degré de juridiction en matière criminelle.

B – L'extension du double degré de juridiction à la matière criminelle

17. – L'institution d'un double degré de juridiction en matière criminelle de droit commun.

L'analyse de l'organisation judiciaire togolaise depuis la Loi n° 2019-015 du 30 octobre 2019 laisse percevoir un droit d'accès à la justice criminelle plus épanoui, en raison du double degré de juridiction désormais institué en ce qui concerne les infractions criminelles. Les juridictions répressives ont ainsi fait l'objet d'un réaménagement qui reflète un progrès structurel de l'accès au juge pénal.

De fait, l'institution des cours criminelles d'appel rompt depuis lors avec la tradition des cours d'assises statuant en premier et dernier ressort sur les affaires criminelles et qui étaient fortement critiquées[1]. Avec cette pratique des cours d'accises, l'absence[2] du double degré de juridiction privait les accusés d'un accès à un juge répressif d'appel dont l'office aurait

[1] Voir Marie-Hélène GOZZI, « La réforme des cours d'assises : entre nécessité et utilité, LPA 16 févr. 1996, n° PA199602102, p. 6 ; C. MARSAT, « Cour d'assises : l'absence du double degré de juridiction avant la loi du 15 juin 2000 », Droit pénal n° 6, juin 2001, chron. 28 ; Henri ANGEVIN, « Mort d'un dogme, à propos de l'instauration, par la loi du 15 juin 2000, d'un second degré de juridiction en matière criminelle », JCP G, n° 40, 4 octobre 2000, doctr. 260.

[2] Voir l'article 28 alinéa1er de l'Ordonnance n° 78-35 et l'article 259 de la Loi n° 83-1 du 2 mars 1983 instituant le Code de procédure pénale.

permis de connaître à nouveau de l'ensemble de l'affaire tant en fait qu'en droit. Aujourd'hui, l'institution au Togo du double degré de juridiction en matière criminelle au profit des citoyens est fortement saluée.

Le second degré de juridiction en matière criminelle est assuré par les cours criminelles d'appel qui sont une formation permanente des cours d'appel[1]. Elles statuent sur les appels interjetés contre les décisions rendues en premier ressort par les tribunaux criminels. Ces tribunaux criminels sont une formation permanente des tribunaux de grande instance chargés de juger au premier degré les infractions qualifiées de crimes au sens du Code pénal togolais[2].

Le Togo est l'un des pays de l'Afrique de l'Ouest qui se distingue par cette institution du double degré de juridiction en matière criminelle. À rebours de l'organisation judiciaire actuelle au Togo, les cours d'assises sont encore en vigueur au Bénin. Les articles 81 et 82 de la Loi n° 2001-37 du 27 août 2002 portant organisation judiciaire en République du Bénin prévoient une cour d'assises établie au siège de chaque cour d'appel[3] et chargée de connaître en premier et dernier ressort des infractions criminelles.

L'apport des juridictions d'appel au Togo est certain et permet de réduire les risques d'erreurs judiciaires en soumettant les

---

[1] Voir les articles 67 et suivants de la Loi n° 2019-015 du 30 octobre 2019 portant Code de l'organisation judiciaire au Togo.

[2] Voir l'article 88 de la Loi n° 2019-015 du 30 octobre 2019 portant Code de l'organisation judiciaire au Togo.

[3] Exceptionnellement, lorsque les circonstances l'exigent, la Cour d'assises peut se tenir au siège d'un Tribunal de Première Instance désigné par arrêté du ministre chargé de la justice, sur proposition du président de la Cour d'appel après avis du procureur général ; voir les articles 250 et suivants du Code de procédure pénal béninois.

affaires criminelles à la nouvelle appréciation d'une juridiction supérieure. La doctrine soutient d'ailleurs que « *les juges du second degré sont plus expérimentés que ceux du premier, et parfois aussi plus nombreux* »[1]. Le double degré de juridiction est aussi institué en ce qui concerne les infractions militaires.

18. – Le double degré de juridiction en matière d'infractions militaires.

Au Togo, il est possible d'exercer un recours contre les décisions du tribunal militaire. L'appel contre lesdites décisions relève de la compétence de la cour d'appel militaire qui se présente comme une juridiction spécialisée du second degré, sinon la seule de ce genre. L'organisation de la cour d'appel militaire est prévue par les dispositions des articles 35 et suivants du code de justice militaire du Togo. Conformément à l'article 36 de ce texte, cette cour d'appel militaire comprend « *un (01) parquet général militaire ; une (01) chambre de contrôle de l'instruction ; une (01) ou plusieurs chambre(s) des appels correctionnels ; une (01) ou plusieurs chambre(s) criminelle(s) ; un (01) greffe militaire* ».

Ainsi, les recours en matière correctionnelle sont connus par une chambre d'appel correctionnel alors que les recours en matière criminelle sont connus par une chambre criminelle. Il est cependant permis de relever que les juridictions militaires ne constituent pas un ordre de juridiction à part entière. De la sorte, les pourvois contre les décisions de la cour d'appel miliaire seront connus par la Cour suprême dans les conditions, formes et délais prescrits par la loi organique

---

[1] Haritini MATSOPOULOU, Droit pénal général et procédure pénale, Sirey, 21e éd., p. 276.

portant organisation et fonctionnement de la Cour suprême du Togo[1].

D'ailleurs, la récente révision de la Constitution togolaise institue désormais une Cour de cassation pour l'ordre judiciaire[2]. Sans doute, cet état de choses commande par ailleurs une révision prochaine de la loi sur l'organisation judiciaire. Néanmoins, cette juridiction d'appel en matière d'infractions militaires n'a pas encore siégé.

Son institution dans les textes reste tout de même le témoignage d'une volonté d'améliorer les garanties des citoyens, en l'occurrence les justiciables militaires. En tout état de cause, chacun a le droit d'être jugé une seconde fois par une juridiction de rang supérieur. Aussi, chacun devrait-il être géographiquement le plus proche possible du juge répressif, c'est là aussi une condition d'une bonne justice répressive.

Conclusion

31. – Des avancées notables.

Ce tour d'horizon sur l'accès au juge répressif au Togo a permis de faire un état des lieux qui présente des progrès structurels, mais aussi de regrets. Les progrès sont le fait de l'amélioration de l'offre juridictionnelle répressive. Outre la gratuité de la justice répressive et l'effectivité de l'assistance juridictionnelle en matière répressive, l'amélioration de cette offre se traduit également par l'opérationnalisation des

[1] Loi organique n° 97-05 du 6 mars 1997 portant organisation et fonctionnement de la Cour suprême du Togo.

[2] Voir l'article 58 de la Loi n° 2024-005 du 6 mai 2024 portant Constitution de la République togolaise

juridictions répressives spécialisées, en l'occurrence les tribunaux militaires.

Aussi, la séparation des fonctions dans les juridictions répressives se présente-t-elle mieux aujourd'hui qu'hier. Il en va de même de la garantie du double degré de juridiction qui n'était opérationnelle qu'en matière correctionnelle. Aujourd'hui, elle s'étend non seulement à la matière criminelle en droit commun, mais aussi aux infractions militaires.

32. – Du progrès à faire encore.

Cependant, cette amélioration de l'offre juridictionnelle et de la garantie du double degré de juridiction n'occulte pas certains regrets encore perceptibles. L'éloignement de la justice pénale du citoyen reste encore regretté. D'une part, la reconfiguration de la compétence des tribunaux est indexée comme cause de cet éloignement, et ce en raison essentiellement de la complexification des règles de procédure qu'elle a entrainée. D'autre part, l'éloignement géographique même de ces juridictions est la cause de ce regret. Les populations rurales très reculées sont éloignées des tribunaux à compétence correctionnelle. Il en va de même en ce qui concerne les juridictions criminelles. Pis, les juridictions répressives du second degré sont davantage éloignées.

En conséquence, les citoyens de ces zones reculées préfèrent dans bien des cas recourir aux modes traditionnelles de règlement des litiges, surtout dans des cas d'infractions liés à la sorcellerie qui reste encore une zone de non-droit au Togo. De nouvelles juridictions doivent être créées pour pallier cet éloignement. La mise en place de tribunaux itinérants ou l'organisation des audiences foraines peuvent être essayées afin de mieux rapprocher la justice répressive des justiciables.

En définitive, les progrès de l'accès au juge, en général, et au juge répressif, en particulier, est une source de renouvellement des défis et enjeux du progrès du droit étant entendu que l'accès au juge au moyen de l'action en justice est la manifestation tangible de la réalisation et de l'accomplissement du droit.

Tout n'est donc pas encore accompli et tout citoyen est en droit de s'attendre au meilleur qui reste à venir prochainement étant entendu que la modernisation du système judiciaire peut se poursuivre sous l'axe 3 de la Feuille de route gouvernementale Togo 2025…

Penser la performance d'entreprise comme un "*construit systémique*" : critères d'analyse

Samira SIFER
Docteure en Économie et Statistique Appliquée, Maître de conférences, École des Hautes Études commerciales (EHEC), IRDE, ENSSEA, Algérie
sifer.samira.enssea@gmail.com

Amel GUEHAIRIA
Professeure des universités
École Nationale Supérieure de Statistique et d'Économie Appliquée (ENSSEA), IRDE, Algérie
guehairia.amel@learning.enssea.edu.dz

Résumé *: Ce chapitre examine la contribution de la pensée systémique à la compréhension et à l'évaluation de la performance organisationnelle dans un environnement marqué par la complexité et l'interdépendance. En mobilisant les fondements théoriques des systèmes – leurs propriétés, leur fonctionnement, leur ouverture – il propose de transcender les approches fragmentées et linéaires de la performance. L'analyse met en évidence la nature multidimensionnelle de celle-ci, déterminée par les finalités poursuivies, les ressources mobilisées et les interactions entre les sous-systèmes internes et l'environnement externe. Une lecture critique est proposée des différentes acceptions de la performance – conceptuelle, managériale et gestionnaire – ainsi que de leurs limites dans les pratiques actuelles. Le chapitre identifie les leviers permettant d'articuler les dimensions économiques, sociales et environnementales dans une perspective systémique intégrée. Il aboutit à la formulation de performance en tant que construit systémique, défini comme un produit émergent des* *dynamiques organisationnelles, évolutif, contextualisé et orienté vers la durabilité.*

Mots-clés

Théorie des systèmes ; organisation interne ; performance organisationnelle ; management.

Classification JEL

B520 - D230 - M10 - M15.

Abstract : *This chapter examines the contribution of systems thinking to understanding and evaluating organisational performance in an environment marked by complexity and interdependence. By drawing on the theoretical foundations of systems – their properties, functioning and openness – it proposes to transcend fragmented and linear approaches to performance. The analysis highlights the multidimensional nature of performance, which is determined by the objectives pursued, the resources mobilised and the interactions between internal subsystems and the external environment. A critical reading is offered of the different meanings of performance – conceptual, managerial and administrative – as well as their limitations in current practices. The chapter identifies the levers for articulating economic, social and environmental dimensions in an integrated systemic perspective. It concludes with the formulation of performance as a systemic construct, defined as an emergent product of organisational dynamics, evolutionary, contextualised and oriented towards sustainability.*

ISSN 3096-8143

Translated with DeepL.com (free version)

Keywords

Systems theory; internal organization; Organizational performance; Management.

JEL Classification

B520 - D230 - M10 - M15

§§§§§§§§§§§§§§§

Introduction

Dans un contexte de décomposition hiérarchique, marqué par l'intensification des mutations économiques, sociales et technologiques, les entreprises évoluent désormais dans des environnements caractérisés par une complexité croissante, une interdépendance systémique et une instabilité structurelle. Ces transformations redéfinissent en profondeur les modalités d'action, de coordination et de pilotage stratégique, contraignant les acteurs organisationnels à repenser leurs référentiels d'analyse et de décision.

Ce constat concerne notamment l'évaluation de la performance des entreprises. En effet, Pierre Voyer (2009, p. 81) souligne que « la mesure de la performance est fondamentale à tout système organisationnel où l'on veut baliser, suivre et évaluer la progression vers des objectifs ». Ainsi des auteurs comme Virginie Galdemar Léopold Gilles Marie-Odile Simon (2012, p. 9) indiquent que « La notion de performance correspond à l'atteinte d'objectifs ou de résultats attendus, et plus largement à la création de valeur ». Dans le monde de l'entreprise, la création de valeur est généralement associée à l'accroissement du profit (Galdemar, Gilles et Simon, 2012). Toutefois, une telle conception apparaît réductrice au regard de la complexité intrinsèque que recouvre la notion de performance. Le terme de performance est en réalité difficile à circonscrire : il reste général et englobe des notions telles que l'efficience, la pertinence, l'efficacité, l'équité ainsi que d'autres notions de rendement, de productivité, de qualité et d'utilité. Ces derniers sont souvent considérés comme des sous-dimensions constitutives de la performance (Champagne, Contandriopoulos, Picot-Touché et al., 2005).

Dès lors, plusieurs critères permettent d'analyser et d'évaluer la performance au sein d'une entreprise. Or, pour donner du sens à ces critères et en comprendre les interactions, il est essentiel d'adopter une approche systémique. En effet, comme Aurore Cambien (2008, p. 20) a mentionné, en se référant à Joël de Rosnay (1975), « le systémicien considère le système dans sa totalité, dans toute sa complexité et sa dynamique propre », cette vision distingue principalement l'approche systémique de l'approche purement analytique (Joël de Rosnay, 1975).

Dans cette optique, la compréhension des systèmes, en tant qu'ensembles organisés d'éléments interdépendants, s'impose comme un cadre conceptuel pertinent pour appréhender les dynamiques internes et externes propres aux entreprises contemporaines. C'est dans cette perspective que s'inscrit la présente étude, qui vise à explorer les fondements conceptuels et méthodologiques d'une lecture systémique de la performance organisationnelle.

En effet, si la littérature reconnaît la nécessité de mesurer et d'évaluer la performance comme instrument de pilotage, d'aide à la décision ou d'amélioration continue, elle souligne encore la difficulté de construire des référentiels homogènes, dans un contexte marqué par l'hétérogénéité des modèles, des temporalités et des objectifs.

Dès lors, plusieurs interrogations méritent d'être soulevées : Comment définir et évaluer la performance dans un contexte organisationnel en constante mutation ? Quels outils permettent d'en rendre compte sans en appauvrir la complexité ? Et dans quelle mesure une lecture systémique peut-elle contribuer à renouveler la compréhension de la performance en intégrant ses dimensions économiques, sociales, environnementales et structurelles ?

Ce chapitre s'attache à répondre à ces questionnements en posant les fondements théoriques des notions de système et de performance, telles qu'elles s'appliquent au champ organisationnel. Il analyse ensuite les approches contemporaines d'évaluation de la performance, avant de développer une lecture intégrée de ses dimensions économique, sociale et environnementale, dans une perspective de développement durable et de résilience systémique.

1. – Systèmes et complexité : une exploration des définitions

Selon Gwendoline Donnadieu, Didier Durand, Denis Neel, Emmanuel Nunez et Laurent Saint Paul (2003, p. 3), le mot système provient du grec *sustêma*, qui signifie « ensemble cohérent ».

Toutefois, comme le souligne Jean-Louis Le Moigne (2006), le terme système fait l'objet de multiples définitions, souvent divergentes, y compris au sein de la littérature systémique. Nombre d'entre elles sont critiquées — parfois même par leurs propres auteurs — en raison de leur imprécision ou de leur portée jugée trop générale.

En effet, la définition classique proposée par Ludwig von Bertalanffy, selon laquelle un système est « un ensemble d'éléments en interaction » (Bertalanffy, 1968, p. 38) repose sur les notions fondamentales d'*élément* et d'*interaction*, mais apparaît comme insuffisante[293].

Par la suite, Ludwig von Bertalanffy a enrichi cette définition en y intégrant la notion d'environnement : « Un système peut être défini comme un ensemble d'éléments en interrelation entre eux et avec leur environnement »[294] (Bertalanffy, 1968, p. 55).

Dans le prolongement des travaux de Bertalanffy, plusieurs auteurs ont proposé des enrichissements conceptuels qui permettent d'approfondir la compréhension du système. Joël de Rosnay (1975, p. 93) enrichit cette perspective en y introduisant les dimensions de finalité et d'organisation[295] : « Un système est un ensemble d'éléments en interaction dynamique, organisés en fonction d'un but ». D'autres auteurs ont également contribué à affiner cette conceptualisation. Ainsi, Eugene Odum (1976) insiste sur la cohérence de l'ensemble systémique, qu'il définit comme « Un groupe d'éléments en constante interaction ou interdépendance concourant à la formation d'un ensemble unifié » (Odum, 1976, p. 2).

L'abondance des définitions proposées dans la littérature systémique ne garantit pas pour autant une clarification du concept. Bien au contraire, cette pluralité peut parfois engendrer une confusion théorique, en raison de divergences d'interprétation ou de fondements épistémologiques hétérogènes. De nombreuses

---

293 Ludwig von Bertalanffy est le premier penseur à avoir formulé explicitement qu'un système est un « ensemble d'éléments en interaction » (*sets of elements standing in interaction*), dans le cadre de la Théorie Générale des Systèmes (TGS). Bien que cette formulation ait été popularisée dans son ouvrage publié en 1968, ses travaux sur les systèmes remontent aux années 1940.

294 Traduction effectuée à partir du texte original en anglais : "A system can be defined as a set of elements standing in interrelation among themselves and with the environment" (Bertalanffy, 1968, p. 55).

295 Joël de Rosnay se réfère ici à Jay Forrester (1968), qui met en évidence le comportement dynamique d'un système comme résultant de sa structure interne. Jat Forrester (1968) souligne que toute action essentielle au comportement étudié doit être incluse à l'intérieur des limites du système.

tentatives de définition n'ont pas permis de cerner avec rigueur le concept de système, en raison d'une terminologie imprécise ou conceptuellement inadéquate.

Parmi les critiques formulées à l'égard de ces approches, René Thom (1974) en souligne particulièrement les limites. Il remet notamment en question la définition d'un système comme un simple ensemble d'éléments en interaction, estimant qu'il est souvent difficile de déterminer avec précision les éléments constitutifs d'un tel ensemble. Une telle définition impliquerait, selon lui, une part d'arbitraire dans le choix des frontières et des composants retenus.

Face à ces critiques, certains auteurs ont tenté de dépasser les limites des définitions strictement structurales en adoptant des approches plus dynamiques, relationnelles ou finalisées, mettant en avant des notions telles que la rétroaction, l'auto-organisation ou encore l'émergence. C'est dans cette perspective que s'inscrit l'approche systémique contemporaine, en rupture avec les conceptions réductrices issues du paradigme mécaniste.

En revanche, lorsque les éléments sont définis selon des critères morphologiques, il demeure souvent incertain de savoir si leur simple agrégation suffit à constituer un système cohérent (Thom, 1974). En réponse aux limites de ces approches structurelles et fonctionnelles, Jean-Louis Le Moigne (1977, p. 62) propose une définition renouvelée et plus intégrative de la notion de système. Il en formule une synthèse plus élaborée, articulée autour de six composantes principales.

Les voici : a) quelque chose (n'importe quoi, présumé identifiable) ; b) qui dans quelque chose (environnement) ; c) pour quelque chose (finalité ou projet) ; d) fait quelque chose (activité : fonctionnement) ; e) par quelque chose (structure : forme stable) ; f) qui se transforme dans le temps (évolution). Il résume cette conception par la définition suivante : « un objet qui, dans un environnement, doté de finalités, exerce une activité et voit sa structure interne évoluer au fil du temps, sans qu'il perde pourtant son identité unique.» (Le Moigne, 1977, p. 61).

À son tour, Alain Degenne (1978, p. 300), dans un article consacré à l'œuvre de Jean-Louis Le Moigne (*La théorie du système général. Théorie de la modélisation*), souligne que l'enjeu fondamental ne réside pas tant dans la profusion de la littérature sur la théorie des systèmes, que dans le sens concret attribué à ses définitions, par opposition aux-simples intuitions ou métaphores[296].

Pour Jean-Louis Le Moigne, l'une des principales difficultés réside dans le fait que toutes les tentatives de définition mobilisent des concepts fondamentaux tels que « élément », « relation » ou « environnement », lesquels nécessitent à leur tour une définition précise. Cette complexité a néanmoins favorisé une progression conceptuelle continue, évitant ainsi l'écueil d'approches superficielles ou éphémères. Elle a toutefois généré un certain nombre de paradoxes, conduisant à l'élaboration d'une nouvelle notion : celle de « système général » ou de « modèle général systémique », centrée sur l'analyse des caractéristiques communes aux systèmes, dans une optique d'optimisation. Cette approche a cependant suscité des critiques, notamment en raison de son apparente incohérence, du fait que la notion de système y demeure en effet confinée à un sens strictement individuel, ce qui tend à en limiter la portée explicative (Le Moigne, 2006).

Sous une approche qualifiée de systémique[297], un système est décrit par Bernard Motulsky (1977a, p.54) en isolant un ensemble de parties sous l'angle de leur action commune et de leurs attributs de même

---

296 « Ce qu'il est convenu d'appeler la théorie des systèmes donne naissance à une littérature abondante depuis quelques années. Il me semble que tous ces ouvrages ont un point commun : ils cherchent d'abord à convaincre le lecteur de l'intérêt d'un mode de pensée riche et séduisant mais qui, dans l'état actuel des choses, n'offre guère plus qu'un certain nombre de cadres d'intuitions et de métaphores » (Degenne, 1978, p. 300).

297 L'approche systémique ne se réduit pas à l'analyse de système, qui n'en constitue qu'un outil parmi d'autres à la disposition du systémicien. Considérée isolément, cette analyse tend à fragmenter le système en ses composantes et interactions élémentaires, au risque d'en appauvrir la compréhension globale (Cambien, 2008, p19).

nature. Une telle conception requiert l'existence d'une unité fonctionnelle appelée organe, qui assure les processus essentiels à la cohésion et au fonctionnement du tout. Selon Ervin Laszlo (1972, p. 51) « Un système n'est rien de plus que le lieu de rencontre entre une organisation de bas niveau et une organisation de haut niveau, des sous-systèmes et un supra-système »[298].

En revanche, le relativisme inhérent à la pensée systémique implique qu'un système peut être simultanément considéré comme un supra-système, au regard de ses composants internes, et comme un sous-système, en fonction du rôle qu'il joue dans un ensemble plus vaste. Cette approche conduit à concevoir le réel comme une hiérarchie de niveaux d'organisation emboîtés. L'un des fondements épistémologiques majeurs de cette perspective consiste à reconnaître la nécessité d'analyser un système à son propre niveau, sans recourir à des explications réductrices fondées uniquement sur ses parties (réductionnisme), ni à des références abstraites à des niveaux supérieurs (transcendance).

La théorie générale des systèmes, notamment développée par Ludwig von Bertalanffy, repose ainsi sur l'idée que chaque niveau de complexité possède une cohérence propre, irréductible aux lois qui régissent les niveaux inférieurs, même si ces dernières ne sont pas contredites. L'approche systémique complète ainsi l'approche analytique en introduisant une lecture par niveaux d'organisation, marquée par une grande souplesse dans la définition des frontières du système, celles-ci étant déterminées par l'observateur selon ses intentions analytiques. Elle permet dès lors un balayage continu des niveaux de complexité, offrant un cadre d'analyse adaptable à la diversité et à la dynamique des systèmes étudiés (Le Moigne, 2006).

Comme le décrit Bernard Motulsky (1977b, p.218), Jean-Louis Le Moigne suit une démarche non linéaire qui lui permet de présenter

---

[298] Cité et traduit par Bernard Motulsky (1977a, p. 54).
«Lieu qui varie selon les besoins de l'observateur. Le système du sociologue sera, par exemple, le lieu de rencontre entre les sous-systèmes des individus et le supra-système de l'humanité»[298] (Motulsky, 1977a, p. 54).

les propriétés de ce qui est défini comme le système général[299] selon les trois dimensions qu'il reconnaît à cet objet : le système général est structuré, il agit et évolue dans un environnement guidé par ses finalités.

Peter Checkland (1981) introduit une distinction fondamentale entre deux types de systèmes : a) Systèmes « durs » (*hard) :* entités techniques, avec des objectifs clairs, optimisables (ex. : machines, réseaux) ; b) Systèmes « doux » (*soft*) : situations humaines complexes, aux buts ambigus, nécessitant une approche interprétative (ex. : organisations, conflits, gouvernance). Dans ce cadre de la *Soft Systems Methodology* (SSM), Peter Checkland redéfinit le système comme : « Une construction intellectuelle visant à organiser la réflexion sur des situations problématiques du monde réel ». Cette approche repose sur une réorientation méthodologique non ontologique, avec la reconnaissance de la pluralité des points de vue (acteurs, objectifs) et l'importance du dialogue, de l'apprentissage organisationnel et de la modélisation participative »[300]. Peter Checkland (1981) propose ainsi que le système devienne un outil de pensée, construit pour comprendre et améliorer les situations floues dans les organisations humaines.

Jean-Louis Le Moigne affirme, dans le cadre d'une réflexion critique sur l'héritage épistémologique de Claude Bernard (1865), que le système ne constitue pas une réalité objective, mais une construction intellectuelle visant à rendre

---

[299] Bien que l'expression anglo-saxonne *General System(s) Theory* puisse se traduire en français aussi bien par « théorie générale des systèmes » que par « système général », Le Moigne opère une distinction importante, d'où son choix assumé du titre de son ouvrage. (Motulsky, 1977a, p.55)

[300] Cette définition met en lumière l'existence d'un processus collaboratif, dans lequel divers acteurs, y compris les personnes concernées et pas seulement des experts (souvent des parties prenantes d'un projet : citoyens, chercheurs, décideurs, etc.), participent activement à la construction d'un modèle représentant une réalité complexe (sociale, environnementale, économique, etc.).

intelligible la complexité du réel. Il conçoit ainsi le système comme une représentation finalisée d'un objet pensé comme un ensemble organisé d'éléments en interaction, insistant sur sa valeur heuristique en tant qu'outil de pensée structurant et opératoire, à la fois pour la compréhension et pour l'action (Le Moigne, 2006).

Ce positionnement s'oppose à l'approche réductionniste des sciences classiques et rejoint d'autres conceptions systémiques : celle de Ludwig von Bertalanffy, pour qui le système est un ensemble dynamique orienté vers un but, et celle de Peter Checkland, qui le conçoit comme un outil conceptuel destiné à clarifier les situations floues dans les organisations humaines. Ainsi, la pensée systémique, telle que formulée par Jean-Louis Le Moigne, vise à constituer une théorie de la modélisation des phénomènes complexes, transdisciplinaire et orientée vers l'action.

« Une ville, une cellule, une entreprise, un être humain sont donc des systèmes ouverts qui fonctionnent dans un environnement avec lequel ils échangent en permanence énergie, matière, informations dans une dynamique d'interactions continues ; des boucles de rétroaction (ou *feed back*) maintiennent, comme un thermostat, l'équilibre, assurent la régulation, mais tout détraquement de ces boucles, toute atteinte à leur fonctionnement normal peut provoquer la destruction du système ou de l'environnement. » (Rosnay, 1977, cité par Longone, 1977, p. 1319).

Autrement dit, si la notion de système demeure difficile à définir de manière précise, elle constitue néanmoins un cadre analytique pertinent pour appréhender la complexité des organisations. C'est dans cette perspective que s'inscrit la section suivante, qui se propose de mettre en lumière les caractéristiques d'un système, afin d'en faciliter l'analyse appliquée à l'évaluation de la performance organisationnelle.

2. – L'apport de la pensée systémique à la compréhension des organisations

La pensée systémique désigne l'effort continu de l'esprit humain pour modéliser et comprendre l'organisation orientée vers un but et en constante évolution d'un phénomène complexe (Le Moigne, 1990). La systémique joue un rôle central dans la définition du système, en mettant en lumière ses finalités, ses interactions, sa complexité, son environnement et son évolution.

La systémique puise ses racines dans les travaux de Ludwig von Bertalanffy, qui élabore, à partir des années 1940, sa théorie générale des systèmes, synthétisée dans son ouvrage majeur *general system theory*, publié en 1968. Cette approche pose les bases d'une compréhension globale et interdisciplinaire des systèmes, en rupture avec le réductionnisme analytique dominant à l'époque. Elle inaugure ce que l'on appelle aujourd'hui la systémique de première génération, centrée sur l'analyse des structures, l'équilibre, et la modélisation des systèmes comme entités globales et cohérentes.

Cette approche sera ensuite structurée en tant que méthodologie scientifique appliquée par Jean-Louis Le Moigne, notamment à partir de ses travaux des années 1970, et plus systématiquement dans[301] « La théorie du système général » en 1977, puis « La modélisation des systèmes complexes » en 1990.

---

[301] La pensée systémique s'est également largement diffusée auprès du grand public grâce à Joël de Rosnay, notamment à travers la publication en 1975 de son ouvrage de vulgarisation emblématique, *Le Macroscope*, qui rend accessibles des notions clés telles que la rétroaction, les boucles, la régulation et l'interdépendance.

À partir de là, un nouveau courant émerge, qualifié de systémique de deuxième génération (ou cybernétique de deuxième génération)[302]. Cette approche, préconisée par Jean-Louis Le Moigne, met l'accent non plus uniquement sur les structures, mais sur les processus dynamiques, les flux, les boucles de rétroaction, l'auto-organisation et surtout la place centrale de l'observateur dans la construction du système. Contrairement à la systémique de première génération, qui traite le système comme un objet stable et observable de l'extérieur, la deuxième génération considère que le système est co-construit par l'observateur, selon ses finalités, ses valeurs et son contexte.

Ces différentes générations de la pensée systémique ne s'opposent pas mais se complètent : la première fournit des outils puissants de modélisation structurée, tandis que la seconde introduit une lecture plus souple, réflexive et contextualisée de la complexité.

Comme le souligne Frédéric Lasfargues et Christophe Dalin (2007), l'examen d'un système requiert alors une double approche, à la fois structurelle et fonctionnelle, conformément à une méthode couramment mobilisée dans l'analyse systémique. Selon Bernard Motulsky (1977a, p .53) sur le plan structurel, la configuration du système vise à répondre à ses besoins en assurant une activité de conservation régulée et bénéfique. Cette lecture, centrée sur les éléments constitutifs tel que la frontière, les réseaux de relations et les stocks (Lasfargues et Dalin, 2007 ; Turchany, 2008), s'inscrit dans la logique de la systémique de première génération, principalement orientée vers l'analyse des structures stables et formelles.

Sur le plan fonctionnel, l'analyse se focalise sur les phénomènes dynamiques tels que les flux d'énergie, de matière et d'information, ainsi que sur les mécanismes de contrôle, les délais et les boucles de

---

[302] Cette approche s'appuie sur les travaux de Heinz von Foerster, pionnier de la cybernétique de second ordre, d'Anthony Stafford Beer dans le domaine des systèmes viables, ainsi que de Jean-Louis Le Moigne, promoteur de la modélisation systémique.

rétroaction (Lasfargues et Dalin, 2007 ; Turchany, 2008). Cette lecture reflète une approche relevant de la systémique de deuxième génération, qui met l'accent sur les interactions complexes, l'adaptation, et la dimension temporelle des systèmes (Le Moigne, 1990).

« D'un côté, la systémique de première génération, en filiation directe de la cybernétique, s'appuie sur des méthodes quantitatives et sur l'outil informatique pour, au-delà de la seule compréhension du système, tenter de prévoir son comportement. La systémique de seconde génération, appelée *System Thinking*, s'inscrit dans une perspective un peu différente par rapport à la démarche prospectiviste de la systémique de première génération. Il s'agit dans cette conception, de mettre l'accent sur l'intelligibilité du comportement du système. Son but est de concevoir des modèles qualitatifs, de facture topologique par exemple, qui permettent d'entrer dans l'intelligence du phénomène et, éventuellement, d'en orienter l'action. » (Cambien, 2008, p.16).

Dans ce cadre systémique, il convient de distinguer les systèmes ouverts, caractérisés par des échanges continus avec leur environnement, des systèmes fermés, théoriquement autonomes mais en réalité toujours influencés par des interactions extérieures (Turchany, 2008).

Par ailleurs, l'extension du concept de système ouvert conduit à l'envisager comme dynamique, c'est-à-dire évolutif et en grande partie déterminé par ses propres interactions internes. Ce type de système est à la fois ouvert et intégré. L'ouverture constitue un facteur de longévité, à condition qu'elle s'accompagne d'une clôture formelle[303] qui en délimite les frontières du système. Comme l'affirme Bernard Motulsky (1977a, p. 53) : « Le système n'est pas

---

303 « Système formel : Système composé d'un vocabulaire, d'un ensemble d'axiomes et d'un ensemble de règles de déductions » (Turchany, 2008, p. 12).

en même temps le système et son environnement»[304]. Cette logique fonde la notion de sous-systèmes, qui permet l'intégration d'éléments extérieurs par un processus d'assimilation au système (Motulsky, 1977a).

Les systèmes, dans leur ensemble, se caractérisent par plusieurs traits distinctifs. Leur finalité détermine leur comportement de manière transcendante, à travers des mécanismes de régulation visant à préserver leur équilibre (Lasfargues et Dalin, 2007). L'équifinalité est une propriété caractéristique des systèmes ouverts, selon laquelle un même état final peut être atteint à partir de conditions initiales différentes, et par des trajectoires variées. Cette notion d'équifinalité, introduite par Ludwig von Bertalanffy (1968, p. 40) dans le cadre de la théorie générale des systèmes, met en évidence la souplesse et l'adaptabilité des systèmes ouverts, en opposition à la causalité linéaire propre aux systèmes fermés et aux approches mécanistes.

En effet, la variété est une propriété nécessaire à l'adaptation et à la survie des systèmes : elle leurs permet de faire face à la complexité, conformément au principe formulé par William Ashby[305] (1956, p. 207) « Seule la variété peut compenser la variété ». Elle constitue une condition préalable à l'accomplissement de leurs finalités (Lasfargues et Dalin, 2007). Cependant, cette variété doit être maîtrisée pour éviter de dépasser les capacités de contrôle du système (Turchany, 2008). De ce fait, la frontière d'un système délimite ses interactions avec l'environnement. Il s'agit d'une notion fondamentale de la conceptualisation moderne des systèmes, développée dès les années 1940, et reposant sur les concepts

---

[304] « Hall et Fagen ont bien montré ce que la définition de l'environnement comprend d'arbitraire. « Lire *"Définition of System", in Modem Systems Research for the Behavioral Scientist, W. Buckley éd., Aldine*, 1968, pp. 83-84." (Motulsky, 1977a, p. 53).

[305] *'only variety can destroy variety'* (**Ashby, 1956, p. 207) : plus un système est confronté à de la complexité ou de l'incertitude dans son environnement, plus il doit faire preuve de diversité dans ses réponses** pour rester stable ou atteindre ses objectifs.

d'interaction, de totalité, d'organisation et de complexité (Turchany, 2008).

L'interaction entre les éléments d'un système donne lieu à des causalités non linéaires (Abell, 1978), et la totalité du système dépasse la simple somme de ses parties (Bertalanffy, 1968), engendrant des propriétés émergentes (Ropohl, 1978) qui ne peuvent être déduites des propriétés individuelles des éléments (Turchany, 2008).

L'organisation d'un système est essentiellement définie par l'agencement hiérarchique de ses composants (Turchany, 2008), et peut se décliner en deux formes principales : l'organisation en modules ou en sous-systèmes, et l'organisation en niveaux hiérarchiques, chaque niveau introduisant de nouvelles propriétés. La décomposition hiérarchique, selon un principe d'arborescence, justifie la décomposition en sous-systèmes, permettant une compréhension modulaire du système (Lasfargues et Dalin, 2007). L'auto-organisation, quant à elle, repose sur l'équilibre entre boucles de rétroaction positives et négatives, assurant à la fois la cohérence et l'adaptabilité du système (Lasfargues et Dalin, 2007).

Il convient aussi de noter que la complexité des systèmes émerge de l'interaction de leurs éléments, de l'incertitude de leur environnement et de la difficulté à identifier de manière exhaustive les composantes et leurs relations (Turchany, 2008). De ces complexités résultent des problèmes qualifiés de « systémiques » (Senge, 1990 ; Sterman et Sweeney, 2000), nécessitant des approches interdisciplinaires dans la prise de décision. Les solutions apportées sont souvent contextuelles, spécifiques et incertaines[306] (Glouberman et Zimmerman, 2002), en raison des

---

306 La prévisibilité des résultats décisionnels est limitée en raison de l'incertitude entourant les évolutions futures du système, ainsi que de la complexité, qui rend impossible le traitement intégral des informations pertinentes (Größler, 2004, p. 319).

limites cognitives et structurelles (Rouwette, Grôfsler, et Vennix, 2004 ; Beers, Boshuizen, Kirschner, et al., 2006).

De manière synthétique, la notion de système constitue un concept à la fois riche et complexe, qui échappe à toute tentative de réduction univoque. Il convient davantage de le concevoir comme une famille de concepts (Sadovsky, 1971), permettant la coexistence de définitions formelles diverses, chacune éclairant un aspect particulier et circonscrivant un champ spécifique de recherche (Blauberg, Sadovsky, et Yudin, 1980).

Ces réflexions prennent alors tout leur sens dans le contexte de l'entreprise, considérée comme un système sociotechnique complexe, composé de ressources interdépendantes (humaines, informationnelles et technologiques) qui doivent interagir pour remplir une mission commune (Giachetti, 2010, p.3). L'entreprise est structurée autour d'une finalité, et en tant que système, elle est délimitée par une frontière organisationnelle, souvent juridique ou fonctionnelle, qui distingue ses composantes internes de son environnement externe (clients, fournisseurs, institutions, marché, etc.). Cette frontière régule les flux d'énergie, d'information et de matière qui la traversent.

En d'autre terme, de façon plus concrète, et comme le souligne Emmanuel Harlé et Jean-Daniel Jouanneault (1983), une entreprise peut être envisagée comme un système en raison de deux caractéristiques fondamentales. Premièrement, son organisation en tant qu'entité cohérente lui confère une dimension stratégique, lui permettant de planifier et de coordonner ses activités de manière globale. Deuxièmement, son ouverture sur son environnement favorise une interaction constante et des échanges dynamiques. Cette ouverture lui permet de s'adapter aux changements externes et de tirer parti des opportunités qui se présentent.

L'équilibre entre ces deux caractéristiques (interne et externe) est essentiel à la survie et à la prospérité de l'entreprise. La vision systémique, fondée sur la complexité inhérente à l'entreprise en tant que système, constitue un cadre pertinent pour comprendre cet équilibre. Elle constitue aussi une ressource fondamentale pour identifier les actions nécessaires à son maintien. Toutefois, ce besoin de compréhension systémique, qui s'est manifesté de façon plus marqué à partir des années 1980, demeure encore souvent mal appréhendé (Harlé et Jouanneault, 1983).

Partant de ce constat, l'entreprise se compose de sous-systèmes interdépendants (production, finance, ressources humaines, marketing, logistique, etc.), chacun poursuivant des objectifs spécifiques tout en contribuant à la finalité globale de l'organisation. Cependant, d'après la vision d'Anthony Beer (1972), l'architecture organisationnelle combine autonomie opérationnelle et coordination hiérarchique. La viabilité de l'entreprise repose alors sur sa capacité à réguler la complexité tout en s'adaptant continuellement à son environnement. Anthony Beer identifie cinq sous-systèmes fonctionnels, allant des unités opérationnelles jusqu'au pilotage stratégique.

Ces sous-systèmes sont autonomes mais interconnectés par des boucles de rétroaction (*feedback*), ils assurent à la fois la stabilité et l'adaptabilité du système : a) Le sous-système opérationnel exécute les activités de base et interagit directement avec l'environnement externe ; b) Le sous-système de coordination assure la cohérence entre les unités opérationnelles, réduit les conflits et stabilise les processus ; c) Le sous-système de contrôle interne supervise l'efficacité globale, allouer les ressources et veille à la performance, en s'appuyant sur des mécanismes de vérification indépendants ; d) Le sous-système stratège exerce une fonction d'intelligence organisationnelle tournée vers l'environnement, il permet d'anticiper les changements et d'adapter l'entreprise sur le long terme ; e) Le sous-système de gouvernance incarne l'identité organisationnelle. Il arbitre entre les impératifs présents (contrôle interne) et futurs (stratégie) (Beer, 1972).

Le modèle d'Anthony Beer (1972) met donc en lumière une architecture organisationnelle intégrant à la fois autonomie opérationnelle et coordination hiérarchique, où la viabilité repose sur la capacité à

ISSN 3096-8143

absorber et réguler la complexité, tout en maintenant une adaptabilité continue à l'environnement. L'entreprise fonctionne ainsi selon une logique systémique, dans laquelle les éléments sont articulés par des relations multiples, tant hiérarchiques que fonctionnelles, souvent réversibles (rétroactions) ou non linéaires.

Cette approche systémique impose une vision globale de l'analyse et de la modélisation des organisations, prenant en compte leur dynamisme, leur interdépendance et leur capacité d'adaptation (Lasfargues et Dalin, 2007 ; Rouwette, Grôfsler, et Vennix, 2004). Elle invite à dépasser les logiques linéaires et causales, au profit de modèles transversaux, intégrateurs et contextualisés. Dans cette optique, la performance ne peut être conçue comme un état figé, mais bien comme un processus évolutif, inscrit dans une dynamique systémique, et soumis à des contraintes multiples, parfois contradictoires.

Les développements qui suivent visent à préciser les contours de la notion de performance au sein des organisations, en mobilisant une double lecture : d'une part, l'approche organisationnelle, centrée sur l'atteinte des objectifs et l'optimisation des ressources ; d'autre part, la perspective systémique, qui envisage la performance comme un processus complexe, émergent et contextuel, résultant des interactions dynamiques entre les différentes composantes du système organisationnel et son environnement.

3. – Vers une lecture systémique de la performance organisationnelle

La notion de performance occupe une place centrale dans les sciences de gestion, mais elle demeure difficile à saisir en raison de sa complexité et de sa nature évolutive. Loin d'être univoque, la performance est aujourd'hui considérée comme un construit théorique, dont la définition dépend des référentiels mobilisés et des finalités poursuivies.

Dans cette perspective, la première section vise à expliciter les fondements conceptuels de la performance, à partir de la synthèse fondatrice de Robert Quinn et John Rohrbaugh

(1983). La seconde propose une lecture systémique de cette notion.

Hétérogénéité des approches de définition et de mesure de la performance organisationnelle

Le terme « performance » apparaît dès le XIIIe siècle, désignant initialement l'accomplissement d'une action. Sa signification s'est progressivement élargie : il renvoie désormais au résultat d'une action ou à la mesure d'un processus de réalisation[307] (Escaffre, 2000, p. 5)

L'évaluation de la performance organisationnelle a longtemps reposé sur des approches unidimensionnelles centrées sur les résultats financiers, telles que l'analyse des états financiers ou les ratios de rentabilité. Cependant, la complexité croissante de l'environnement économique et sociale auquel l'entreprise est confrontée a entraîné le développement d'approches alternatives, mettant en valeur divers facteurs organisationnels susceptibles d'influencer sa stabilité dans le temps.

Robert Quinn et John Rohrbaugh (1983) soulignent que la performance n'est pas une abstraction fondée sur des faits directement observables ou aisément mesurables. Cela fait de la performance un construit, et non un concept.

Pourquoi le terme performance n'est pas considéré comme étant un concept ? D'après la définition du concept[308] : « Idée générale ; représentation abstraite d'un objet ou d'un ensemble d'objets ayant des caractères communs ».

---

[307] Dans ce passage, Laurent Escaffre mobilise deux références lexicographiques majeures : *Le Trésor de la langue française* (Gallimard/CNRS, 1988) et le *Shorter Oxford English Dictionary* (Oxford, Clarendon Press, 1973).

[308] Le Robert, *Dictionnaire en ligne*. Disponible sur : https://dictionnaire.lerobert.com/definition/concept (consulté le 2 août 2025).

ISSN 3096-8143

Selon une interprétation de l'approche épistémologique constructiviste (Le Moigne, 1995), la notion de concept cesse d'être considérée comme une vérité préexistante pour devenir une construction intellectuelle élaborée pour structurer une situation problématique.

Bien qu'il ne définisse pas explicitement le terme, Le Moigne considère que la connaissance est toujours modélisée dans un cadre de pensée donné, et que les instruments cognitifs (notamment les concepts) sont produits par l'activité du sujet.

Dans cette perspective, le concept constitue un outil opératoire, à la fois abstrait et contextuel, qui n'anticipe pas la pensée mais en émerge, en relation avec un problème à traiter. Il ne se confond ni avec le terme qui le désigne, ni avec les objets concrets qu'il regroupe.

En méthodologie des sciences sociales, le concept constitue une unité cognitive fondamentale, servant d'outil de structuration et d'interprétation de la réalité étudiée. Il permet d'identifier, de classer et de mettre en relation les phénomènes, tout en fournissant un cadre de référence pour la formulation d'hypothèses (Quivy et Van Campenhoudt, 1995, p. 149).

Par un processus d'opérationnalisation, il se traduit en indicateurs, modèles conceptuels, grilles d'analyse ou dispositifs d'enquête, assurant ainsi le passage du niveau théorique au niveau empirique. Ce double ancrage, à la fois théorique et opérationnel, confère au concept un rôle structurant dans la construction et la validation du savoir scientifique.

En effet, à partir du XXe siècle, sous l'influence des approches constructivistes et systémiques (Le Moigne, 1995), la conception du concept change profondément. Il n'est plus perçu comme une vérité figée à découvrir, mais comme une construction intellectuelle, conçue par le chercheur pour structurer une situation problématique.

En d'autres termes, un concept est une idée abstraite, construite et contextualisée, qui permet d'organiser la pensée, d'interroger le réel, et de produire du savoir dans une démarche scientifique.

Ainsi, un concept est une abstraction de faits observables, lesquels sont soit directement observables soit aisément mesurables. Toutefois, certains concepts sont difficiles à rattacher aux phénomènes qu'ils sont censés représenter. Ils sont inférés à un plus haut niveau d'abstraction à partir des évènements observés, et leur signification ne peut être facilement expliquée à partir de faits particuliers. De telles abstractions sont parfois appelées construits, ceux-ci étant construits à partir de concepts moins abstraits.

Concernant la performance, personne ne semble capable de citer les concepts (tels la productivité ou la croissance du capital) qui doivent être inclus dans le construit de performance » (Quinn et Rohrbaugh, 1983 ; cité par De La Villarmois, 2001, p. 2). Cependant, tel que présenté par Olivier De la Villarmois (2001), en s'appuyant sur les travaux de William Richard Scott (1977), Stanley Seashore (1979) et Kim Cameron (1978), Robert Quinn et John Rohrbaugh (1983) ont identifié trois dimensions fondamentales structurant les différentes conceptions de l'efficacité organisationnelle.

Ces dimensions permettent de structurer les différentes visions et perceptions de la performance organisationnelle : a) La première dimension met en contraste une orientation axée sur les dynamiques internes de l'organisation avec une orientation tournée vers son environnement externe ; b) La seconde dimension distingue les organisations valorisant la flexibilité et l'adaptabilité de celles privilégiant la stabilité et le contrôle ; c) La troisième dimension opère une distinction entre les approches focalisées sur les moyens mobilisés et celles orientées vers l'atteinte des objectifs (Quinn et Rohrbaugh, 1983 ; cité par De la Villarmois, 2001, pp. 2-3). Cette grille de lecture permet de comprendre les arbitrages auxquels les organisations sont confrontées en matière de performance, en fonction de leur culture, de leur environnement et de leurs finalités stratégiques.

Ces visions bien que divergentes, sont complémentaires (De La Villarmois, 2001). Elles ont conduit Robert Quinn et John Rohrbaugh (1983) à proposer un modèle regroupant quatre[309] grandes approches d'évaluation de la performance, connues sous le nom de *Competing Values Framework* (CVF) comme suit :

a) Le modèle des objectifs rationnels (*Rational Goal Model*)

Dans ce modèle, la performance organisationnelle est définie comme la capacité à atteindre des objectifs clairs et mesurables, en maximisant la productivité et l'efficience.

Cette définition correspond au modèle rationnel selon William Richard Scott (1977), qui conçoit la performance en termes de résultats produits dans un laps de temps donné, et de rapport optimal entre résultats et ressources mobilisées. Elle est également alignée avec le modèle des objectifs de Stanley Seashore (1979) et Kim Cameron (1978), qui se réfèrent à une vision finaliste et quantitative de l'efficacité (Quinn et Rohrbaugh, 1983 ; cité par De La Villarmois, 2001).

---

309 Les quatre modèles résultent du croisement des première et deuxième dimensions. Chacun d'eux se décline ensuite en deux variantes, selon l'application de la troisième dimension - envisagée soit sous l'angle de l'objectif, soit sous celui du moyen -, ce qui conduit à un total de huit modèles.

b) Le modèle des processus internes (**Internal Process Model*****)***

Ce modèle considère que la performance réside dans la maîtrise des processus internes, notamment à travers une gestion optimale de l'information et des procédures formalisées, garantes de stabilité et de continuité. Cette approche rejoint le modèle du processus de décision de Stanley Seashore (1979), pour qui l'organisation efficace est celle qui gère correctement les flux d'information (collecte, stockage, manipulation, destruction). Elle correspond aussi au modèle du processus interne identifié par Kim Cameron (1978), qui renvoie à une performance ancrée dans la formalisation, la structure et la régularité du fonctionnement organisationnel (Quinn et Rohrbaugh ,1983 ; De La Villarmois, 2001).

c) Le modèle des systèmes ouverts (**Open Systems Model*****)***

Ici, la performance est définie comme la capacité de l'organisation à s'adapter à son environnement et à acquérir les ressources nécessaires à sa survie et à son développement. Cette définition rejoint le modèle systémique de William Richard Scott (1977), qui met l'accent sur l'adaptabilité et l'acquisition de ressources dans un environnement en constante évolution. Cette perspective est aussi incluse dans le modèle naturel élargi de Stanley Seashore (1979), et correspond au modèle des ressources chez Kim Cameron (1978) (Quinn et Rohrbaugh, 1983 ; De La Villarmois, 2001).

d) Le modèle des relations humaines (**Human Relations Model*****)***

Dans ce modèle, la performance est comprise comme la satisfaction des besoins des membres de l'organisation, la cohésion interne, le moral des employés et le bon fonctionnement des activités de soutien. Cette vision s'aligne sur le modèle naturel de William Richard Scott (1977), qui accorde de l'importance aux aspects humains et sociaux de l'organisation, au-delà de la production. Stanley Seashore (1979) reconnait lui aussi l'importance de cette dimension dans son modèle naturel.

Kim Cameron (1978) développe cette idée dans son modèle de satisfaction des acteurs, où l'organisation performante est celle qui satisfait suffisamment chaque composante pour permettre la continuité des échanges internes (Quinn et Rohrbaugh, 1983 ; De La Villarmois, 2001).

Ces quatre modèles, qui résultent du croisement de la première et de la deuxième dimension, constituent aujourd'hui un repère clé de la performance, notamment au sein des entreprises en quête de pérennité.

Après avoir défini la performance et présenté les dimensions constitutives ainsi que les modèles d'évaluation de la performance organisationnelle proposés par Robert Quinn et John Rohrbaugh (1983), il convient désormais de situer ces éléments dans une perspective systémique. Cette approche permet de mieux comprendre les interactions complexes entre les différentes dimensions, ainsi que leur rôle dans la dynamique globale des organisations. C'est ce que nous examinerons dans le prochain titre.

Lecture systémique des fondements et des modèles de la performance organisationnelle dans le cadre théorique de Quinn et Rohrbaugh (1983)

La lecture systémique des trois dimensions constitutives de la performance organisationnelle de Robert Quinn et John Rohrbaugh (1983) permet de révéler la complexité et la richesse du modèle en tant qu'outil d'analyse des dynamiques organisationnelles.

La première dimension, qui oppose une orientation interne à une orientation externe, reflète la tension entre une conception fermée et autorégulée du système, centrée sur la cohérence fonctionnelle interne, et une conception ouverte et adaptative, fondée sur l'interaction avec l'environnement. Cette distinction s'inscrit clairement dans la tradition de la systémique générale, notamment à travers les travaux de Ludwig von Bertalanffy et de Jean-Louis Le Moigne, en opposant les systèmes homéostatiques[310] aux systèmes finalisés[311]. Dans une perspective systémique, ces deux orientations ne s'excluent pas, mais s'inscrivent dans un rapport dialectique. Un système exclusivement centré sur lui-même risque de devenir autoréférentiel au point de l'isolement, tandis qu'un système uniquement tourné vers l'extérieur peut perdre sa cohérence interne, sa culture et son identité. La performance organisationnelle découle donc de la capacité du système à articuler durablement son fonctionnement interne avec les exigences de son environnement, en assurant une régulation à la fois stable et évolutive.

La deuxième dimension du modèle de Robert Quinn et John Rohrbaugh oppose deux orientations fondamentales : d'un côté, une organisation valorisant la flexibilité et l'adaptabilité ; de l'autre, une organisation axée sur la stabilité et le contrôle. Cette dichotomie peut être analysée, dans une perspective systémique, comme l'expression de deux modes distincts de régulation au sein d'un système organisationnel. Dans une lecture systémique, la stabilité renvoie à une logique de régulation homéostatique, caractéristique des systèmes cybernétiques de première génération. L'organisation cherche à maintenir un équilibre interne à travers des processus standardisés, des procédures formalisées et un encadrement rigide des comportements. Ce

---

310 « Homéostasie: terme créé par le physiologiste américain Walter B. Cannon pour désigner la résistance au changement d'un système lorsque celui-ci réagit à une perturbation par une rétroaction de grandeur égale et de sens opposé. » (Cambien, 2008, p. 23).

311 « La finalité qui détermine le comportement du système de manière transcendantale se manifeste par exemple par l'extraordinaire capacité des systèmes à maintenir leur équilibre par des phénomènes de régulation » (Cambien, 2008, p. 19).

ISSN 3096-8143

mode de fonctionnement privilégie la cohérence interne, la prévisibilité et le contrôle des écarts, en s'appuyant sur des normes relativement fixes et auto-référencées. À l'inverse, une organisation fondée sur la flexibilité mobilise une logique de régulation adaptative, davantage associée à une cybernétique de deuxième génération. Dans ce cas, le système est conçu comme capable de se transformer en fonction de son environnement. Il intègre les perturbations extérieures comme des informations utiles à son évolution. Ce type de régulation repose sur des boucles de rétroaction ouvertes, permettant à l'organisation de redéfinir ses objectifs, ses structures et ses modes de fonctionnement en réponse à la complexité et à l'instabilité de son contexte.

Ainsi, cette dimension met en lumière un paradoxe organisationnel central : la tension entre la nécessité de maintenir une cohérence interne (via le contrôle) et celle de garantir une capacité d'adaptation (via la flexibilité). L'approche systémique ne les conçoit pas comme des pôles mutuellement exclusifs, mais comme des logiques complémentaires dont l'équilibre conditionne la résilience et la performance du système.

En ce qui concerne la troisième dimension du modèle de Robert Quinn et John Rohrbaugh (celle qui distingue les approches focalisées sur les moyens mobilisés de celles orientées vers l'atteinte des objectifs), elle s'inscrit pleinement dans la systémique de Jean-Louis Le Moigne, qui permet de penser le développement progressif et interconnecté des objectifs et des moyens, dans une logique de système finalisé, auto-organisé et auto-évolutif. Elle mobilise aussi certains principes de la cybernétique de deuxième génération, en intégrant le rôle de l'observateur et l'adaptabilité du système.

Il en résulte que l'analyse systémique des trois dimensions de Robert Quinn et John Rohrbaugh (1983) met en évidence l'interdépendance des logiques de régulation, d'adaptation et de finalisation dans la structuration de la performance organisationnelle, et souligne la pertinence des modèles intégrateurs à vocation descriptive, analytique et stratégique. De même, une lecture systémique des modèles de performance résultant de ces dimensions s'avère éclairante pour en comprendre les logiques sous-jacentes, en particulier les interactions issues du croisement de la première et de la deuxième dimension, qui donnent lieu aux quatre modèles suivants :

Le modèle des objectifs rationnels, orienté vers l'atteinte de buts définis, l'efficacité et la productivité, s'inscrit dans une vision réductionniste et unidimensionnelle de la performance. Il repose sur une logique proche de la systémique de Ludwig von Bertalanffy, dans sa forme la plus fermée.

Le modèle des processus internes, centré sur la standardisation, la formalisation et la stabilité, adopte une approche cybernétique de première génération, avec une forte orientation interne. Il demeure réductionniste, dans la mesure où il conçoit la performance comme le résultat du respect des procédures établies, en excluant les dynamiques d'adaptation. Ce modèle repose essentiellement sur une logique du contrôle et de régulation interne. Il est pertinent dans des environnements normés et stables, mais limité pour traiter la complexité, l'évolution, ou l'humain. L'entreprise y est perçue comme un système fermé et déterministe, avec des frontières organisationnelles rigides[312]. C'est un système finalisé simple, mais ni complexe ni auto-évolutif, contrairement à ce que propose Jean-Louis Le Moigne.

Le modèle des systèmes ouverts, à l'inverse, repose sur une conception non réductionniste et profondément multidimensionnelle de la performance. Il valorise l'interaction avec l'environnement, ainsi que la capacité d'innovation et d'adaptation. Ce modèle correspond à une systémique ouverte et finalisée, telle que développée par Jean-Louis Le Moigne, où les finalités et l'intention stratégique sont constitutives du système. Ce modèle de performance conçoit l'organisation comme un acteur en interaction constante avec son environnement. Elle est capable de redéfinir ses objectifs, de transformer ses structures, et d'intégrer les perturbations comme sources d'évolution. Cette approche s'apparente à la cybernétique de deuxième génération, dans laquelle l'organisation apprend à apprendre. Ce modèle mobilise une pluralité de logiques organisationnelles et permet une compréhension dynamique, complexe et évolutive de la performance.

Le modèle des relations humaines reconnaît quant à lui les interactions sociales et les dynamiques internes comme facteurs déterminants de la performance. Il s'inscrit dans une systémique de constructivisme, centrée sur le sens de l'action. L'organisation, centrée sur la communication et la cohésion interne. Ce modèle conçoit l'organisation comme un système vivant et social, où la performance émerge de la cohésion, de la motivation et de la culture partagée. Ce modèle, fortement aligné avec la pensée de Jean-Louis Le Moigne, mobilise une

---

[312] Il est davantage appréhendé comme un système fermé et bureaucratique, fondé sur une logique de régulation interne, hérité des modèles classiques de l'organisation tels que ceux de Weber et Taylor.

approche multidimensionnelle intégrant les sphères psychologique, relationnelle et organisationnelle. Il se distingue des approches réductionnistes en adoptant une posture holistique et participative, axée sur le développement du potentiel humain et collectif. Il incarne une vision humaniste et complexe de l'organisation, particulièrement adaptée aux environnements où la qualité des relations constitue un facteur stratégique.

En ce sens, ces quatre modèles traduisent des visions systémiques différenciées de l'organisation : les deux premiers relèvent d'une logique de rationalisation structurante, tandis que les deux suivants s'inscrivent dans une lecture organique et adaptative des systèmes complexes. Cette lecture systémique des modèles de performance proposés par Robert Quinn et John Rohrbaugh est synthétisée dans le tableau 1.

Ces quatre modèles ne s'excluent nullement : ils traduisent plutôt les tensions structurelles inhérentes à toute organisation. L'appellation attribuée au cadre conceptuel élaboré par Robert Quinn et John Rohrbaugh — *le modèle des valeurs concurrentes* — illustre d'ailleurs clairement sa logique de fonctionnement (Quinn et Rohrbaugh, 1983). Ce modèle propose une approche multidimensionnelle et équilibrée de la performance, en articulant efficacité externe, cohésion interne, stabilité et capacité d'innovation. Ainsi, le modèle de Quinn et Rohrbaugh invite à une lecture systémique de la performance organisationnelle, particulièrement pertinente dans le contexte de complexité propre aux entreprises contemporaines.

Plus concrètement, l'expression de performance, tout comme celle de système, présente une complexité intrinsèque qui rend sa définition à la fois délicate et variable, selon les approches théoriques mobilisées. Ces deux termes sont polysémiques et évoluent selon les disciplines, les contextes d'analyse et les objectifs poursuivis. Ainsi, tenter d'évaluer la performance d'une organisation sans en comprendre la nature systémique équivaut à ignorer l'interdépendance de ses composantes, la diversité de ses finalités, ainsi que la pluralité des critères d'évaluation envisageables.

La performance s'inscrit donc dans une perspective systémique, au sein de laquelle les modèles précédemment présentés peuvent être envisagés comme des sous-systèmes articulés entre eux. Par la diversité de leurs angles d'approche et la complémentarité de leurs contributions, ces modèles permettent de construire une compréhension plus riche et multidimensionnelle de la performance.

Tableau 1. Récapitulatif de la lecture systémique des quatre modèles de la performance organisationnelle classés par Robert Quinn et John Rohrbaugh (1983)

Modèle	Vision systémique	Méthode	Résultat de la vision systémique
Objectifs rationnels	Fermée : centrée sur les finalités mesurables (Bertalanffy, systémique classique)	Réductionniste : unidimensionnelle	Fermée, finaliste
Processus internes	Fermée : autorégulée, normée (Bertalanffy, cybernétique première	Réductionniste : unidimensionnelle	Fermée, normative

	génération)		
Systèmes ouverts	Ouverte : adaptative, finalisée (Bertalanffy : vision ouverte, Le Moigne)	Multidimensionnelle	Ouverte, adaptative
Relations humaines	Ouverte : en interaction (Le Moigne, systémique finalisée)	Multidimensionnelle	Ouverte, participative

Source : Guehairia & Sifer.

Leur intégration dans un tableau de bord apparaît dès lors comme une démarche pertinente, dans la mesure où elle structure une évaluation globale fondée sur une logique systémique. Ce point fera l'objet du développement de la section suivante.

4. – Mesurer la performance : Au-delà d'une systémique de deuxième génération.

« La mesure de la performance suppose que l'on dispose d'indicateurs de moyens utilisés et d'indicateurs de résultats obtenus. Quel que soit le domaine de référence, les critères sont généralement nombreux pour apprécier la performance d'une organisation ou d'un pays, et ils évoluent au cours de l'histoire » (Silem, Gentier, Albertini, et al., 2024, p. 658).

Comme indiqué précédemment, la performance organisationnelle ne se réduit plus aux seuls indicateurs financiers[313]. Elle doit désormais intégrer de manière cohérente de multiples dimensions stratégiques.

---

313 « Les système de mesures traditionnels ne suffisent plus car ils sont le plus souvent passéistes car les indicateurs sont surtout financiers et reflètent une performance passée de l'organisation. Ils ne permettent pas d'apprécier les évolutions en cours, ou de mesurer l'avancement d'une stratégie » (Baaziz, Khelil, 2006, p.8).

ISSN 3096-8143

Dans cette perspective, la construction d'un tableau de bord représente l'un des moyens d'évaluer la performance organisationnelle. Elle peut s'inscrire dans une démarche systémique, dans la mesure où elle prend en compte les interrelations entre les différentes composantes de l'organisation. Cela implique qu'un tableau de bord ne doit pas se limiter à une simple juxtaposition d'indicateurs, mais reflète les logiques de causalité entre les différentes dimensions de la performance (financière, humaine, organisationnelle, etc.).

Il fournit ainsi une vision globale du fonctionnement de l'organisation, en intégrant à la fois les performances internes et les influences externes. Par ailleurs, il favorise une prise de décision éclairée en mettant en évidence les effets systémiques : effets en cascade, rétroactions, et interdépendances. L'exemple le plus adapté à ces caractéristiques est le tableau équilibré, '*Balanced Score Card (BSC)*', développé par Robert Kaplan et David Norton. Il constitue un outil clé, offrant une approche systémique pour piloter la performance selon plusieurs axes complémentaires.

Le BSC propose une mesure intégrée et cohérente de la performance à travers quatre perspectives interdépendantes[314] (Kaplan, Norton, 1992 ; Baaziz, Khelil, 2006) : a) Perspective financière : elle vise à identifier les facteurs qui contribuent à la rentabilité de l'organisation, tout en mettant en lumière les éléments susceptibles de la freiner ou l'entraver ; b) Perspective client : elle évalue la satisfaction des clients, ainsi que les déterminants de leur fidélité et de la pérennité de la demande ; c) Perspective des processus internes : elle mesure l'impact des décisions relatives aux facteurs-clés de création de valeur, indispensables pour répondre aux attentes des clients ; pour satisfaire ses clients ; d) Apprentissage et innovation : elle renseigne sur les compétences internes, les

[314] La citation attribuée à Henry Ford - « Une entreprise qui ne gagne que de l'argent est bien pauvre ! » - illustre parfaitement les principes fondamentaux du *Balanced Scorecard*, qui vise à élargir l'évaluation de la performance au-delà de la seule dimension financière (Baaziz et Khelil, 2006, p. 1).

capacités d'adaptation et le potentiel d'innovation, indispensables à la génération de valeur durable.

Dans cette optique, chaque entreprise peut concevoir un tableau de bord adapté à ses spécificités. Comme le soulignent Robert Kaplan et David Norton (1999), la mise en œuvre d'un tableau de bord prospectif est nécessairement contextualisée : elle dépend des caractéristiques propres à chaque organisation et de ses priorités stratégiques. Ce sont ces priorités qui guident la sélection des indicateurs intégrés au tableau. Cette capacité d'adaptation renforce l'idée selon laquelle la notion de performance est un construit[315] contextuel, propre à chaque organisation, ce qui constitue un argument central dans notre présente contribution.

Par ailleurs, plusieurs auteurs ont émis des critiques à l'égard du *Balanced Scorecard* (BSC), notamment en raison de sa prise en compte limitée des facteurs externes influençant la production et le fonctionnement de l'entreprise. Comme évoqué précédemment à propos des modèles de performance proposés par Robert Quinn et John Rohrbaugh (1983), et conformément aux observations d'autres chercheurs, les dimensions environnementales et contextuelles apparaissent comme des composantes essentielles de la performance (Atkinson, Waterhouse et Wells, 1997 ; Quinn et Rohrbaugh, 1983 ; Baaziz et Khelil, 2006).

En effet, l'un des reproches majeurs adressés au BSC concerne sa relative rigidité face à des environnements dynamiques et incertains. Conçu à l'origine pour améliorer l'alignement stratégique des grandes organisations, ce modèle peine à intégrer pleinement les logiques d'apprentissage organisationnel, d'innovation continue et d'agilité stratégique, pourtant devenues décisives dans les contextes économiques contemporains. De plus, le BSC tend à privilégier une vision interne et structurée de la performance, articulée autour de perspectives préétablies (financière, client, processus internes, apprentissage

[315] Proposé par Robert Quinn et John Rohrbaugh (1983).

organisationnel), au détriment d'une approche ouverte tenant compte de la complexité systémique et des interactions avec les parties prenantes externes.

En matière de développement durable, plusieurs auteurs soulignent également l'insuffisance du BSC à intégrer les enjeux sociaux et environnementaux de manière transversale, ces derniers étant souvent relégués à des objectifs secondaires ou périphériques (Figge et al., 2002 ; Hubbard, 2009). Cela limite sa pertinence dans le cadre d'une performance globale, entendue comme la combinaison équilibrée des dimensions économique, sociale et environnementale.

Cette vision, qui s'inscrit dans la notion de performance globale, doit être appréhendée de manière méthodique à travers six critères fondamentaux[316], selon l'OCDE (2019) :

a) la pertinence *(relevance)* **:** elle désigne la mesure dans laquelle les objectifs, la conception et la mise en œuvre d'une intervention répondent aux besoins, priorités et attentes des parties prenantes, en particulier des bénéficiaires, ainsi qu'aux orientations stratégiques nationales et aux engagements internationaux. Elle évalue la capacité d'une intervention à s'adapter aux évolutions du contexte socio-économique, institutionnel et environnemental. Une action non pertinente, même si elle est bien exécutée, peut manquer de légitimité ou générer des effets non souhaités ;

b) la cohérence *(coherence)* : elle renvoie à la capacité d'une intervention à s'intégrer de manière articulée et synergique avec d'autres actions menées dans un même cadre politique, institutionnel ou géographique. Elle se décline en deux dimensions complémentaires : la cohérence interne, qui évalue l'alignement de l'intervention avec les orientations stratégiques et les dispositifs de l'entité porteuse ; et la cohérence externe, qui examine la complémentarité et la compatibilité avec les initiatives d'autres acteurs, y compris les cadres normatifs internationaux. En tant que vecteur

---

[316] Voir aussi le triangle de Patrick Gibert (1980) et Patrick **Gibert avec François Bernard** (1977, p.234).

d'intelligibilité systémique, la cohérence conditionne la contribution d'une intervention aux effets globaux et traduit son inscription dans une logique de gouvernance intégrée, cohérente et durable ;

c) l'efficacité (*Effectiveness*) : elle mesure le degré de réalisation des objectifs initiaux, elle se définit comme l'aptitude d'une intervention à atteindre, dans les délais impartis, les résultats attendus ainsi que les objectifs prédéfinis. Elle s'apprécie à travers le degré de réalisation des effets visés, tout en tenant compte des éventuelles disparités entre groupes sociaux bénéficiaires. L'évaluation de l'efficacité repose sur l'analyse de la contribution directe de l'intervention à la chaîne causale prévue, notamment dans le passage des *outputs* (produits) aux *outcomes* (effets ou résultats observables) ;

d) l'efficience (*Efficiency*) : l'efficience se réfère à la capacité de mobiliser les ressources (financières, humaines, matérielles, etc.) de manière optimale afin de produire les résultats attendus dans les délais impartis. Elle inclut l'analyse des coûts relatifs, des alternatives possibles et de la gestion opérationnelle. L'efficience met en lumière la capacité à « faire plus avec moins » et questionne l'arbitrage entre économie de moyens et maximisation des effets. Elle est centrale dans les évaluations à visée budgétaire ou comparative ;

e) l'impact *(impact)* : l'impact désigne l'ensemble des effets à long terme, attendus ou non, positifs ou négatifs, générés par l'intervention sur les plans sociaux, économiques, environnementaux ou institutionnels. Il s'agit d'effets d'ordre systémique, qui dépassent les résultats immédiats et intermédiaires. C'est un critère essentiel pour évaluer la transformation réelle générée par une intervention et sa capacité à provoquer des mutations structurelles. Il permet aussi à nourrir la réflexion méthodologique sur la distinction entre attribution directe des effets à l'intervention et contribution à des changements résultant de multiples facteurs, dans le cadre des évaluations d'impact ;

ISSN 3096-8143

f) la durabilité (*Sustainability*) : la durabilité désigne la probabilité que les bénéfices nets de l'intervention se maintiennent après la fin du financement ou de l'appui institutionnel. Elle évalue la solidité des conditions (financières, institutionnelles, environnementales, sociales) permettant la pérennisation des résultats : Ce critère permet d'analyser la dimension temporelle des effets et l'autonomisation des acteurs locaux. Il questionne la logique de dépendance à l'aide et encourage la responsabilisation des parties prenantes (OECD, 2019, pp. 6-12 ; Commission européenne, 2024, p. 49).

À la lumière de ces six critères fondamentaux d'évaluation (pertinence, cohérence, efficacité, efficience, impact et durabilité) il est désormais possible de les confronter à d'autres cadres d'analyse utilisés en sciences de gestion et en responsabilité sociétale. En effet, ces critères d'évaluation présentent une résonance théorique étroite avec les modèles organisationnels de la performance, notamment les quatre modèles d'efficacité organisationnelle développés par Robert Quinn et John Rohrbaugh (1983).

Le tableau 2 vise à mettre en évidence ces convergences conceptuelles, en soulignant la transversalité analytique de ces critères au sein de divers cadres théoriques mobilisés en stratégie, en gestion des organisations et en évaluation des politiques publiques.

Tableau 2. Convergences conceptuelles des critères d'analyses de la performance globale et des modèles de Robert Quinn et John Rohrbaugh (1983)

Question centrale par critère de performance globale	Lien avec le modèle des valeurs concurrentes (CVF)	Points clés / dimensions intégrées
1. Pertinence (*relevance*) : l'intervention répond-elle aux	Modèle humain / ouvert : reflète l'adéquation aux besoins, attentes	- analyse du contexte économique, Social, environnemental.

bons besoins ?	et contextes externes.	- capacité d'adaptation - priorités des bénéficiaires.
2. Cohérence *(coherence)* : l'intervention est-elle compatible avec d'autres ?	Modèle interne / ouvert : concerne l'articulation des actions entre acteurs et systèmes.	- cohérence interne (même acteur) - cohérence externe (autres acteurs) - normes et engagements communs.
3. Efficacité *(effectiveness)* : l'intervention atteint-elle ses objectifs ?	Modèle rationnel : porte sur l'atteinte des objectifs définis de manière mesurable.	- résultats attendus/obtenus - chaîne de résultats (*outputs /outcomes*) - inégalités de résultats.
4. Efficience *(efficiency)* : les ressources sont-elles bien utilisées ?	Modèle rationnel / interne : vise l'optimisation des ressources dans les processus internes.	- coût-efficacité. - délai de mise en œuvre. - comparaison avec alternatives.
5. Impact *(impact)* : quelle différence significative l'intervention produit-elle ?	Modèle ouvert : évalue les effets systémiques et les transformations à moyen/long terme.	- changement systémique. - effets indirects / secondaires. - bien-être, droits humains, environnement.
6. Durabilité *(sustainability)* : les bénéfices vont-ils perdurer dans le temps ?	Modèle humain / ouvert : intègre les dimensions socio-environnementales et la résilience systémique.	- résilience des systèmes. - analyse des risques. - capacité de continuité sans soutien externe.

Sources : Guehairia & Sifer.

ISSN 3096-8143

La structuration conceptuelle du modèle de *Competing Values Framework* (CVF) proposé par Robert Quinn et John Rohrbaugh (1983) constitue un référentiel particulièrement pertinent pour appréhender la performance organisationnelle dans toute sa complexité.

En articulant trois axes majeurs — orientation interne/externe, stabilité/flexibilité, focalisation sur les moyens ou sur les finalités —, ce modèle met en évidence les tensions structurelles inhérentes à toute organisation et la nécessité de les gérer de manière équilibrée et contextualisée.

Cette grille de lecture peut être mobilisée pour enrichir l'évaluation des interventions à travers six critères largement reconnus : pertinence, cohérence, efficacité, efficience, impact et durabilité. Replacés dans le cadre du modèle de CVF, ces critères cessent d'être de simples indicateurs techniques pour devenir les vecteurs d'une lecture intégrée, systémique et stratégique de la performance.

Le tableau 2 illustre cette correspondance en identifiant, pour chaque critère, les dimensions du CVF qu'il active ainsi que les aspects essentiels à prendre en compte dans une évaluation pertinente.

Cette articulation entre les critères et leur contexte d'application permet non seulement de renforcer leur validité théorique, mais aussi de guider leur mise en œuvre opérationnelle au sein d'environnements organisationnels complexes et en constante évolution.

Il en ressort que dans le contexte de l'analyse de la performance des entreprises, une approche systémique s'avère particulièrement pertinente. Pour approfondir cette dynamique de lecture systémique, il convient de mobiliser le cadre théorique de la cybernétique avancée qui permet de rendre compte de la dynamique évolutive des organisations, de leurs interactions avec l'environnement, ainsi que des multiples leviers influençant leur performance globale.

L'approche systémique constitue dès lors un cadre conceptuel pour la modélisation, l'évaluation et la gouvernance des organisations dans une perspective durable et intégrée. La logique de la performance organisationnelle se construit ainsi de manière progressive et systématique, à travers un processus structuré à court, moyen et long terme.

Cette vision est renforcée par l'approche de la responsabilité sociétale des entreprises (RSE)[317], qui s'impose comme un paradigme incontournable en intégrant des critères environnementaux, sociaux et éthiques dans l'évaluation de la performance. Elle élargit ainsi le cadre d'analyse traditionnel pour promouvoir une performance durable, comme la capacité à créer de la valeur tout en préservant les ressources et en respectant les parties prenantes sur le long terme[318].

En effet, la responsabilité sociétale des entreprises (RSE) peut être envisagée comme une déclinaison appliquée de la systémique de troisième génération. Celle-ci marque une évolution majeure de la pensée systémique, en mettant l'accent sur les interactions dynamiques, la co-construction du sens et la coévolution des systèmes avec leur environnement. Dans le cadre de la RSE, cette approche permet de concevoir l'entreprise non plus comme un système fermé, orienté exclusivement vers des finalités économiques, mais comme un

---

[317] Pour plus de détails, voir : Igalens et Gond (2005).

[318] Pour aller plus loin sur cette question, l'ouvrage de Rachid Boudjema (2023), *Capitalisme et écologie : un couple qui ne fait pas bon ménage*, propose un éclairage critique particulièrement pertinent.

ISSN 3096-8143

système vivant, ouvert, en interaction permanente avec ses parties prenantes.

Apparue en réponse aux limites des deux premières générations de la systémique – la première d'inspiration linéaire, la seconde à dominante mécaniste – la systémique de troisième génération s'est imposée comme un cadre pertinent pour l'analyse des contextes organisationnels complexes (Le Moigne, 1990 ; Morin, 1990 ; Weick, 1995). Elle reconnaît le rôle de l'observateur, la pluralité des rationalités (économique, sociale et environnementale), ainsi que la nécessité d'agir dans l'incertitude, en mobilisant des formes d'intelligence collective, adaptative et réflexive (Ison & Straw, 2020).

Ainsi pensée, la RSE ne se limite pas à un dispositif normatif fondé sur des indicateurs, mais s'inscrit dans un processus d'apprentissage organisationnel continu, de co-construction du sens et de transformation durable[319]. En effet, le terme de la performance globale, bien qu'omniprésente dans les discours managériaux contemporains, demeure porteur d'ambiguïtés et de tensions.

Souvent mobilisé de manière normative, il reste insuffisamment stabilisé sur les plans conceptuel et méthodologique, y compris dans le cadre d'outils de pilotage tels que le tableau de bord prospectif *(Balanced Scorecard)*. De même, le modèle de *Competing Values Framework* (CVF), proposé par Robert Quinn et John Rohrbaugh (1983) s'inscrit pleinement dans la systémique de deuxième génération, il considère l'organisation comme un système ouvert, complexe, soumis à des tensions internes, avec des fonctions régulatrices, et une multiplicité de logiques de performance. Le CVF ne relève de la troisième

---

[319] Voir également le triangle interactif de la RSE proposé par Igalens et Gond (2005), ainsi que par Bracquemond et De Person (2005, p. 210).

génération que s'il est utilisé dans une démarche dialogique, ce qui est contextuel[320].

C'est dans ce cadre qu'il représente une base pertinente pour repenser les instruments d'évaluation, tels que le tableau de bord prospectif, dans une perspective plus globale, durable et stratégique. En effet, s'il ne constitue pas une rupture avec les travaux antérieurs de William Richard Scott (1977), Stanley Seashore (1979) et Kim Cameron (1978), le modèle présenté par Robert Quinn et John Rohrbaugh en propose une synthèse cohérente, et demeure aujourd'hui une référence incontournable pour l'évaluation multidimensionnelle de la performance organisationnelle. Ce constat conduit à reconnaître qu'une entreprise se limitant à une performance unidimensionnelle ne garantit pas sa pérennité à long terme.

Dans cette perspective, Angèle Renaud et Nicolas Berland (2010) proposent une approche hybride, combinant instruments de gestion, indicateurs qualitatifs et quantitatifs, ainsi qu'une logique dialogique intégrant les parties prenantes. Leur démarche s'inscrit dans une lecture critique de la performance, en soulignant les risques de dérive instrumentale et de dilution de ses finalités éthiques et sociétales initiales, notamment dans le contexte du développement durable (Renaud et Berland, 2010).

De manière générale, les travaux consacrés à la conceptualisation de la performance organisationnelle convergent vers un

[320] Le modèle de Robert Quinn et John Rohrbaugh (1983), désigné sous le nom de *Competing Values Framework* (CVF) ou modèle des valeurs concurrentes, s'ancre dans une logique relevant de la systémique de deuxième génération, mais certains usages contemporains tendent à le rapprocher des principes émergents de la systémique de troisième génération.

constat partagé : il s'agit d'une définition intrinsèquement complexe, multidimensionnel, et difficile à appréhender de manière univoque. Kim Cameron et David Allred Whetten (1983) soulignent qu'il est illusoire de rechercher une définition universelle de la performance, en raison de plusieurs facteurs.

D'une part, les disciplines et champs de recherche mobilisent des attributs et des processus hétérogènes, conduisant à une pluralité de critères d'évaluation de l'efficacité. D'autre part, le champ de la performance organisationnelle demeure, dans une large mesure, encore fragmenté et partiellement exploré. Enfin, les critères d'évaluation les plus pertinents sont fréquemment déterminés de manière contextuelle et subjective, en fonction des enjeux propres à chaque organisation et à son environnement (Cameron et Whetten, 1983 ; De La Villarmois, 2001).

Or, en dépit de l'absence de consensus sur la définition de la performance, un accord relatif semble émerger quant à la démarche méthodologique à privilégier pour en proposer une formulation opérationnelle (Cameron et Whetten, 1983, cités par De La Villarmois, 2001). Dans cette optique, Mark Spriggs (1994) propose une méthode structurée, adaptée à la diversité des problématiques organisationnelles. Selon cette approche, la définition de la performance doit impérativement être contextualisée, c'est-à-dire élaborée en fonction des spécificités de la situation étudiée.

La démarche s'articule autour de cinq étapes principales : a) la description de la nature générale de la performance ; b) la délimitation précise du champ d'évaluation ; c) l'identification du point de vue retenu pour l'analyse (externe, interne, stratégique, opérationnel, etc.) ; d) la détermination des types de données nécessaires ; e) la construction d'indicateurs spécifiques adaptés à l'échelle d'analyse retenue (Spriggs, 1994 ; De La Villarmois, 2001).

Cette analyse comparée des définitions, des modèles et des instruments de mesure de la performance organisationnelle met en évidence un constat central : la performance ne saurait se réduire à une lecture unidimensionnelle, linéaire ou purement quantitative. Elle doit être pensée comme un construit[321] stratégique et systémique, dépendant des finalités poursuivies, du contexte organisationnel et des valeurs managériales mobilisées. Il devient dès lors impératif d'intégrer des dimensions sociales, environnementales et opérationnelles pour en appréhender toute la complexité. Ce cadre d'analyse, que nous développons dans la section suivante, repose sur cette reconnaissance de la performance comme un *construit systémique*.

5. – Résultats : La performance organisationnelle un processus évolutif résultant d'un *construit systémique*

Les développements précédents ont mis en lumière les limites des approches fragmentées et strictement quantitatives de la performance, ainsi que l'intérêt d'une lecture systémique pour en saisir la complexité intrinsèque.

Dans cette continuité, la présente section propose une synthèse des résultats de l'étude en croisant les apports de la pensée systémique avec les exigences contemporaines de la performance globale. Soulignant ainsi l'importance d'envisager la performance comme un *construit systémique*, évolutif et contextuel, notamment dans le cadre de l'entreprise. Ces résultats s'appuient également sur les apports d'auteurs qui plaident pour une vision élargie et

[321] Robert Quinn et John Rohrbaugh (1983).

universaliste, intégrant de manière cohérente les dimensions économique, sociale et environnementale de la performance.

L'approche systémique de la performance trouve un écho dans plusieurs travaux fondateurs qui, dès les années 1980, ont contribué à redéfinir ses contours. Elle permet de dépasser la logique du « triptyque classique » - rentabilité, productivité, compétitivité - pour intégrer des dimensions structurelles, sociétales et écologiques. La performance devient ainsi non seulement un instrument stratégique, mais aussi une finalité collective orientée vers la résilience et la durabilité organisationnelles.

La performance globale de l'entreprise se définit comme la « Capacité de la firme à atteindre ses différents objectifs dans les différents domaines : satisfaction des clients (performance marketing), création de valeur pour les actionnaires (performance financière), respect des normes environnementales et prise en compte des motivations des parties prenantes (performance sociétale) » (Silem, Gentier, Albertini, et al., 2024, p. 658).

Comme indiqué précédemment, dans de nombreuses approches traditionnelles, la performance économique a souvent été recherchée au détriment de la dimension sociale, cette dernière étant réduite à une logique de coût à optimiser, voire à minimiser (Baayoud, 2005, p.54). Or, une telle approche fragmentée tend à ignorer les interdépendances fondamentales entre les différentes dimensions de la performance organisationnelle. En réalité, l'efficience économique et la performance sociale doivent être envisagées comme complémentaires et non opposées. L'une ne peut pleinement se déployer sans l'autre. Comme le rappellent Ida Bracquemond et Jean De Person (2005, p.211) : « Pas d'efficience économique, sans le sentiment d'appartenance à une même organisation ; pas de performance sociale ni d'efficience économique ».

Angèle Renaud et Nicolas Berland (2010, p. 6) observent que ce n'est qu'au cours du XXe siècle que la notion de performance s'est élargie, intégrant progressivement la responsabilité sociale de l'entreprise à l'égard de ses parties prenantes[322]. En complément, Ida Bracquemond et Jean De Person (2005, p. 211) soulignent que cette perspective introduit de manière croissante la responsabilité environnementale, désormais considérée comme un levier structurant de la performance globale.

Sans un engagement écologique crédible, il ne saurait y avoir ni attractivité sociale durable, ni efficience économique pérenne. La relation entre ces trois dimensions est de nature systémique : elles doivent être atteintes de manière conjointe, en articulant un environnement viable, une performance économique efficiente et une performance sociale inclusive.

Parmi les contributions fondatrices, il convient de mentionner celle d'Edward Freeman qui, dès 1984, introduit la théorie des parties prenantes (*Stakeholder Theory*). Cette approche rompt avec la conception strictement actionnariale de la performance et affirme que l'entreprise crée de la valeur à travers un réseau complexe d'acteurs concernés par ses activités : salariés, clients, fournisseurs, collectivités, et société civile. Selon Edward Freeman, la prise en compte de ces parties

---

322 « La performance financière ne suffit plus pour apprécier la performance d'une entreprise. C'est au cours du 20ème siècle que la performance s'élargit pour prendre en compte la 'responsabilité sociale' ou responsabilité sociétale de l'entreprise vis-à-vis de ses parties prenantes » (Renaud et Berland, 2010, p.6).

prenantes est indispensable pour assurer la légitimité et la pérennité de l'organisation (Freeman, 1984).

Dans une vision complémentaire, Robert Kaplan et David Norton proposent en 1992 le *Balanced Scorecard* (tableau de bord prospectif), un instrument stratégique d'évaluation de la performance fondé sur une approche multidimensionnelle. Leur modèle identifie quatre axes interdépendants : la performance financière, la satisfaction des clients, l'efficacité des processus internes, et la capacité d'apprentissage organisationnel. Cette innovation méthodologique contribue à décloisonner la vision économique traditionnelle, en mettant en évidence la complexité des leviers de performance à long terme (Kaplan et Norton, 1992).

S'inscrivant dans cette dynamique d'élargissement de la performance, John Elkington (1994) introduit le concept de la *Triple Bottom Line*[323]. Selon lui, la performance organisationnelle doit être évaluée à travers trois piliers interdépendants : a) *Profit* : la performance économique et financière ; b) *People* : la performance sociale, relative aux conditions de travail, au respect des droits fondamentaux et à l'impact sur les parties prenantes internes et externes ; c) *Planet* : la performance environnementale, portant sur les effets des activités de l'entreprise sur les écosystèmes naturels.

Ce cadre conceptuel marque une rupture avec l'évaluation exclusivement financière de la performance et constitue un fondement théorique majeur des approches contemporaines de la responsabilité sociétale des entreprises (RSE) et du développement durable appliqué à la gestion.

---

[323] **John Elkington** (1997) approfondit sa réflexion dans son ouvrage intitulé : *Cannibals with Forks: The Triple Bottom Line of 21st Century Business.*

Dans une vision systémique, l'évolution des enjeux liés au développement durable a favorisé l'émergence d'approches intégratives de la performance. Plusieurs auteurs ont ainsi mobilisé une lecture systémique pour concevoir l'entreprise non plus comme une entité isolée, mais comme un système ouvert, en interaction permanente avec son environnement économique, social et écologique.

Autrement dit, les travaux sur la *Triple Bottom Line* (Elkington, 1997) et le *Balanced Scorecard* (Kaplan et Norton, 1992) s'inscrivent dans une logique systémique. Ces approches reposent sur des principes de complexité, d'interdépendance et de rétroaction, considérant que les différentes dimensions de la performance (économique, sociale, environnementale) ne peuvent être appréhendées indépendamment les unes des autres.

Dans cette même dynamique, Peter Senge a marqué un tournant avec son ouvrage fondateur *The Fifth Discipline* (1990), qui a popularisé le concept d'« organisation apprenante » dans une perspective systémique. Il identifie la pensée systémique comme une discipline clé pour comprendre les relations causales non linéaires, les retards dans les effets, ainsi que les boucles de rétroaction qui influencent les comportements organisationnels.

Cette approche met en évidence les liens entre performance économique, bien-être humain et impact environnemental. Selon Peter Senge, toute décision stratégique engendre des effets complexes au sein du système élargi dans lequel évolue l'organisation, notamment l'entreprise (Senge, 1990).

Cette vision est prolongée par les travaux de Fritjof Capra et Pier Luigi Luisi dans *The Systems View of Life* (2014), où ils développent une approche globale et écologique des systèmes vivants et sociaux. En transposant les principes de l'écologie systémique au monde de l'entreprise, les auteurs affirment que la durabilité véritable ne peut être atteinte qu'à travers une compréhension fine des interconnexions entre les sous-systèmes économiques, sociaux et environnementaux. Fritjof Capra et Pier Luigi Luisi appellent à une gouvernance organisationnelle capable de reconnaître les limites systémiques de la biosphère et de valoriser l'interdépendance entre les acteurs.

À partir d'une conception épistémologique fondée sur la complexité, Edgar Morin[324] propose, dans son ouvrage, une critique des approches analytiques fragmentées qui dominent encore largement les sciences de gestion. Il met en avant la nécessité de penser l'entreprise comme un système complexe, composé d'éléments hétérogènes en interaction, et invite à dépasser les logiques réductionnistes qui dissocient artificiellement les dimensions économique, sociale et environnementale de la performance. La complexité « morinienne » propose ainsi un cadre théorique pour concevoir une performance organisationnelle véritablement intégrée, capable de prendre en compte les incertitudes, les paradoxes et les tensions propres aux systèmes sociaux contemporains (Morin, 2005).

Cette conception multidimensionnelle de la performance est enrichie et appuyée par des résultats issus d'études de cas pratique. Ainsi, Andrew Savitz et Karl Weber (2006) montrent, à travers de nombreuses expériences de terrain[325],

---

324 Morin, E. 2005. *Introduction à la pensée complexe*. Paris: Seuil.

325 Andrew Savitz et Karl Weber (2006) présentent, dans leur ouvrage *The Triple Bottom Line: How Today's Best-Run Companies Are Achieving Economic, Social and Environmental Success*, plusieurs études de cas

que les entreprises les plus performantes sont celles qui parviennent à articuler les trois dimensions : efficacité économique, justice sociale et durabilité environnementale.

Par leurs travaux, ces auteurs apportent une double contribution : d'une part, en confirmant empiriquement la validité du modèle de la triple performance ; d'autre part, en proposant des outils opérationnels (indicateurs, méthodes de *reporting*, démarches stratégiques) permettant aux organisations d'intégrer concrètement cette vision dans leur pilotage. Leur ouvrage démontre que la durabilité ne constitue pas un frein à la performance, mais qu'elle représente au contraire un levier stratégique de création de valeur globale pour l'entreprise[326] (Savitz et Weber, 2006).

Ces analyses, tant théoriques qu'empiriques, viennent consolider les apports de la systémique et de la cybernétique des organisations. Notamment, les travaux d'Anthony Beer (1972) suggèrent une théorisation du fonctionnement systémique de l'entreprise, en mettant l'accent sur les mécanismes de régulation, d'autorégulation et de viabilité des systèmes. Ces approches soulignent le rôle central de l'information, des flux et de la coordination dans la construction d'une performance globale, pérenne et adaptative.

Il apparaît dès lors que l'intégration de l'approche systémique dans l'analyse de la performance organisationnelle constitue un prolongement théorique pertinent pour appréhender les logiques de la triple performance (économique, sociale, environnementale) dans un monde marqué par la complexité,

---

illustrant les pratiques de General Electric, Nike et Shell en matière de performance économique, sociale et environnementale.

326 Une telle performance renforce à la fois la réputation de l'entreprise, sa capacité de résilience et l'engagement durable de ses parties prenantes.

l'interconnexion croissante des enjeux et la nécessité d'un pilotage responsable. Cette approche préconise un cadre heuristique puissant pour repenser les finalités de l'entreprise dans une perspective de durabilité à long terme.

De ce point de vue, les entreprises, en tant que structures organisées, finalisées et ouvertes, sont constituées de multiples sous-systèmes (fonctionnels, humains, technologiques, financiers) en interaction permanente entre eux et avec leur environnement. La pensée systémique permet ainsi de dépasser les approches linéaires ou fragmentées de la performance, en mettant en lumière les interdépendances, les rétroactions et les dynamiques émergentes qui façonnent les résultats globaux.

De ce fait, les résultats présentés dans cette section confirment la nécessité de repenser la performance organisationnelle à travers une lecture systémique, capable d'intégrer la pluralité des dimensions économiques, sociales et environnementales. Loin d'être un agrégat d'indicateurs isolés, la performance apparaît comme une dynamique émergente, tributaire des interactions entre les sous-systèmes internes de l'entreprise et son environnement.

Elle se construit dans la capacité de l'entreprise à articuler ses ressources, ses processus et ses finalités, tout en s'adaptant aux contraintes et opportunités de son environnement. Une pareille performance renforce à la fois la réputation de l'entreprise, sa capacité de résilience et l'engagement durable de ses parties prenantes.

Une telle lecture conduit à repenser les outils d'évaluation et de pilotage, en vue d'intégrer pleinement la complexité des organisations contemporaines et d'ancrer les décisions stratégiques dans des critères à la fois multidimensionnels et évolutifs. La performance apparaît dès lors comme un *construit systémique.*

6. – Discussion

Face à la complexité croissante des environnements organisationnels, la performance ne peut plus être pensée dans le cadre réducteur d'indicateurs traditionnels, souvent limités à l'efficience ou à la rentabilité. Cette section mobilise un ensemble de cadres théoriques – pensée systémique, théorie des parties prenantes, responsabilité sociétale des entreprises (RSE), cycles de vie organisationnels, modèles complexes de gestion et critique des approches fragmentées –, illustrant ainsi une compréhension renouvelée de la performance, fondée sur sa nature systémique, évolutive et contextuelle.

La pensée systémique, perçue ici comme fondement épistémologique, constitue le socle de cette relecture. Inspirée des travaux de Le Moigne, et de Morin, elle envisage l'organisation comme un système ouvert, finalisé, en interaction constante avec son environnement. Cette approche dépasse les visions réductionnistes en intégrant la complexité des interrelations internes et externes. Pour Le Moigne, tout système est un construit cognitif : il reflète une représentation de la complexité, conditionnant ainsi notre manière de penser et d'évaluer la performance.

En ce sens, les approches classiques de la performance – centrées sur des critères économiques – apparaissent limitées. Elles peinent à rendre compte des dynamiques d'interdépendance et des rétroactions propres aux organisations contemporaines. Cette critique, formulée par Whetten, Cameron et Renaud (1983), met en lumière le caractère subjectif et multidimensionnel de la performance, dépendant des objectifs poursuivis, des parties prenantes impliquées et du contexte stratégique. La pensée systémique permet ainsi d'intégrer les tensions, les paradoxes et les logiques multiples qui coexistent dans toute organisation.

Dans cette perspective, la question des parties prenantes, de la RSE et de la construction collective de la performance prolonge et enrichit l'approche systémique. La théorie des parties prenantes (Freeman, 1984) complète cette vision en soulignant que la performance résulte d'un processus de négociation entre des acteurs aux intérêts parfois divergents. Elle devient alors une construction collective, à la fois sociale, éthique et politique. La RSE s'inscrit dans cette logique élargie : elle incarne une traduction appliquée de la systémique de troisième génération. En reconsidérant l'entreprise comme un système vivant, co-évolutif et ouvert, la RSE met l'accent sur la durabilité, l'inclusivité et l'apprentissage organisationnel continu.

Cette approche permet de dépasser les modèles normatifs fondés sur des indicateurs fixes, en intégrant les processus de co-construction du sens, l'intelligence collective et l'adaptation constante aux évolutions de l'environnement (Ison & Straw, 2020). Elle marque une rupture avec les systémismes mécanistes et linéaires des générations précédentes, en introduisant la réflexivité, la pluralité des rationalités (économique, sociale, environnementale) et l'importance du rôle de l'observateur, ce qui fait référence à une systémique avancée.

Dans cette dynamique, la temporalité, les cycles de vie et la contingence stratégique apparaissent comme des dimensions indissociables de l'analyse de la performance. Les travaux de Spriggs, Cameron et Whetten sur les cycles de vie organisationnels montrent que les logiques de performance évoluent avec la maturité des organisations. Aux phases de création et de croissance, la flexibilité, la créativité et l'ouverture à l'environnement priment. En revanche, les phases de formalisation et de consolidation mettent l'accent sur le contrôle, la structuration et l'efficience.

Cette évolution est illustrée par le modèle de performance de Quinn et Rohrbaugh (1983), qui identifie des logiques parfois concurrentes selon les configurations organisationnelles. Une vision systémique permet alors de comprendre ces basculements comme des arbitrages structurels, nécessaires mais souvent générateurs de tensions. Elle rejoint ainsi la perspective de la théorie de la contingence, tout en en dépassant les limites en proposant une lecture intégrée des ajustements organisationnels.

Par ailleurs, le *sensemaking*, en tant que vecteur de dynamique adaptative, apporte une dimension essentielle à cette lecture systémique. Karl Weick (1995) conçoit l'organisation comme un système en construction permanente, façonné par les interprétations collectives des acteurs. En intégrant ces processus cognitifs dans l'analyse systémique, on rend compte des dynamiques adaptatives, de la gestion de l'incertitude et des rationalités multiples qui sous-tendent les décisions organisationnelles. La performance devient dès lors un processus interprétatif, orienté par les représentations, les interactions et les apprentissages partagés.

Dans cette optique, l'évolution vers une gouvernance systémique de la performance s'impose comme une réponse à la complexité croissante des environnements organisationnels. Elle exige une gouvernance adaptée, capable d'articuler flexibilité et stabilité, exigences internes et contraintes externes. Le *competing values framework* (Quinn &

Rohrbaugh, 1983), ou encore les travaux de Berland et Renaud sur l'hybridation des instruments de gestion, proposent des modèles intégrateurs, fondés sur la reconnaissance des tensions structurelles inhérentes à toute organisation. Ces outils permettent d'opérationnaliser la pensée systémique à travers des indicateurs composites, des logiques dialogiques et des approches contextualisées. Spriggs (1994) propose ainsi une méthode structurée pour définir la performance de manière contextuelle : en identifiant les finalités visées, les points de vue d'analyse, les données nécessaires et les indicateurs spécifiques à chaque échelle. Cette démarche permet d'échapper à l'illusion d'universalité des critères d'évaluation, en tenant compte des dynamiques propres à chaque organisation.

Au terme de cette analyse, émerge une conception renouvelée de la performance, conçue non plus comme une simple agrégation d'indicateurs ou une lecture exclusivement économique, mais comme un processus complexe, évolutif et contextuel. Elle résulte des interactions entre les sous-systèmes internes, l'environnement externe, les temporalités organisationnelles, les finalités multiples et les logiques d'acteurs. Elle est à la fois processus, finalité, outil stratégique et construction collective.

Il ressort clairement de cette analyse que la performance - conçue comme un *construit systémique* - constitue le résultat d'un processus dynamique, évolutif et multidimensionnel, façonné par les interactions entre les sous-systèmes organisationnels et leur environnement. Cette conception rompt avec les approches fragmentées et linéaires qui dominent encore nombre d'outils de gestion et d'évaluation.

Cette expression - *construit systémique* - ne fait pas l'objet d'une définition consensuelle dans la littérature existante, mais constitue une proposition formulée dans le cadre de cette étude, à partir de l'analyse croisée des principaux apports théoriques mobilisés. Elle vise à désigner une performance pensée comme un processus interactif, contextualisé, émergent et multidimensionnel, révélateur de la complexité organisationnelle contemporaine. Par cette formulation, cette discussion entend apporter une contribution conceptuelle originale au débat sur la redéfinition des modèles de performance à l'ère de la durabilité et de l'interdépendance systémique.

La pensée systémique permet ainsi de redonner du sens aux démarches d'évaluation en proposant une lecture intégrée de la performance, alignée sur les enjeux contemporains de durabilité, de responsabilité et d'adaptation stratégique. C'est donc en tant que *construit systémique* que la performance peut aujourd'hui être pensée, pilotée et transformée.

Conclusion

Ce chapitre a mis en évidence la nécessité de repenser la performance d'entreprise au prisme d'une approche systémique, en rupture avec les conceptions traditionnelles fondées sur une lecture strictement économique ou sectorielle. L'analyse a montré que la performance ne saurait être comprise comme une donnée unique, mesurable de manière objective et universelle, mais bien comme un construit évolutif, ancré dans un système d'interactions complexes entre sous-systèmes internes et environnements externes.

En mobilisant les apports théoriques de la pensée systémique avancée (notamment ceux est de Jean-Louis Le Moigne, Edgar Morin ,Karl Weick) , ainsi que les contributions de Robert

Quinn et John Rohrbaugh (1983), Kim Cameron et David Allred Whetten (1983), et Mark Spriggs (1994), le chapitre a permis d'explorer des cadres analytiques alternatifs qui intègrent la complexité, l'incertitude et la pluralité des rationalités en jeu dans la performance organisationnelle. Ces perspectives contribuent à dépasser les logiques d'évaluation linéaires ou purement instrumentales, en insistant sur la nécessité de prendre en compte les tensions entre efficacité interne, adaptation externe, exigences de court terme et durabilité à long terme.

L'un des apports centraux de cette réflexion réside dans la reconnaissance du caractère nécessairement contextuel, multidimensionnel et dialogique de la performance. Il ne s'agit plus d'identifier un indicateur unique de performance optimale, mais de comprendre comment une organisation parvient à articuler de manière cohérente des dimensions parfois contradictoires : performance économique, cohérence structurelle, responsabilité sociale et environnementale, capacité d'innovation, gouvernance participative, etc. Cette vision systémique rejoint les préoccupations contemporaines liées à la soutenabilité, à la résilience organisationnelle et à l'émergence de nouveaux modèles de gestion.

Toutefois, cette posture critique et intégrative soulève également des défis. L'absence de consensus sur les définitions, la difficulté à construire des indicateurs véritablement adaptés aux spécificités organisationnelles, et le risque de dilution des finalités de la performance dans des dispositifs trop technicisés, sont autant d'obstacles qui invitent à poursuivre la recherche.

Dès lors, la présente contribution propose de concevoir la performance non plus comme un construit managérial universel, mais comme un *construit systémique*, caractérisé par sa multidimensionnalité, son évolution dans le temps et son ancrage contextuel au sein de chaque organisation. Cette approche permet de dégager un cadre d'analyse renouvelé, susceptible de mieux rendre compte de la complexité des dynamiques organisationnelles contemporaines, et d'alimenter la construction de dispositifs d'évaluation plus globaux, durables et stratégiquement pertinents.

Une telle conception permet non seulement d'éclairer les pratiques managériales contemporaines, mais aussi de réinterroger les fondements mêmes de l'évaluation dans un monde organisationnel en profonde mutation.

L'expression *construit systémique*, mobilisée dans la présente étude pour qualifier la performance organisationnelle, ne renvoie pas à une notion théorique directement issue de la littérature existante. Elle constitue une formulation interprétative originale, proposée à partir de la lecture croisée d'un ensemble de travaux issus de la pensée systémique (Le Moigne, Morin, Capra), de la théorie des organisations (Cameron, Whetten, Scott), des approches évolutives de la gouvernance (Senge, Spriggs), et des logiques de responsabilité élargie (RSE, Triple Bottom Line, Stakeholder Theory, etc.).

Cette expression vise à dépasser les dichotomies classiques entre performance économique, sociale et environnementale, et à mettre en lumière la nature relationnelle, évolutive et contextualisée de la performance. L'idée de *construit* renvoie ici à une construction intellectuelle et dynamique, produite par les interactions entre les acteurs, les dispositifs d'évaluation, les temporalités organisationnelles et les contraintes environnementales. Le qualificatif *systémique* souligne quant à lui l'ancrage dans une vision holistique,

ISSN 3096-8143

reconnaissant l'organisation comme un système ouvert, finalisé, apprenant et en constante coévolution avec son écosystème.

En proposant de penser la performance comme un *construit systémique*, cette étude cherche à offrir une grille de lecture intégrative, capable d'articuler les dimensions techniques, humaines, stratégiques et environnementales de l'action collective, tout en tenant compte des tensions et arbitrages structurels qui traversent les systèmes organisationnels. Cette perspective s'inscrit dans une démarche transdisciplinaire, réflexive et critique, propre à interroger les limites des approches fragmentées encore dominantes dans la littérature managériale.

Bibliographie

Abell, Marcelle A. 1978. «Théorie Générale des Systèmes de von Bertalanffy : Une contribution majeure à la pensée moderne», *Revue de Métaphysique et de Morale.* 83(3) : 308-332.

Ashby, William Ross. 1956. *An Introduction to Cybernetics.* London : Chapman et Hall.

Atkinson, Anthony A., John H. Waterhouse, et Robert B. Wells. 1997. « Une approche des parties prenantes pour la mesure du rendement stratégique » *Sloan Management Review.* 38 : 25-37.

Baayoud, Mohammed. 2005. « La redéfinition d'articulation entre l'économie et le social dans le contexte d'ouverture du Maroc à l'économie internationale ». *Performances économiques et performances sociales à l'heure de la RSE*, J.-M. Peretti, et J.-L. Cerdin, Éds. Univ. of Audit social Maroc.

Baaziz, Abdelkader, et Mustapha Khelil. 2006. « Balanced Scorecard et pilotage de la performance : Cas de la Division Forage – Sonatrach Oran. » *Journées Scientifiques et*

Techniques de Sonatrach – JST'7. HAL archives ouvertes, hal-00824497.

Beer, Anthony Stafford. 1972. *Brain of the Firm*. London : Allen Lane / The Penguin Press. 2e éd., Wiley, 1981, pp. 163–204.

Beers, Peter, Henny Boshuizen, Paul Kirschner, et Wim Gijselaers. 2006. « Common Ground, Complex Problems and Decision Making. » *Group Decision and Negotiation.* 15 (6) : 529–556. https://doi.org/10.1007/s10726-006-9030-1.

Bertalanffy, Ludwig von. 1968. *General System Theory: Foundations, Development*. New York : George Braziller.

Blauberg, Igor Viktorovich, Vadim Nikolayevitch Sadovsky, et Erik Grigorevich Yudin. 1980. « The Systemic Approach: Prerequisites, Problems and Difficulties. » *General Systems* 25 : 1–34.

Boudjema, Rachid. 2023. *Capitalisme et écologie : un couple qui ne fait pas bon ménage.* Alger : Dar El Khaldounia.

Bracquemond, Ida, et Jean De Person. 2005. « Le principe de la subsidiarité appliqué au management de l'organisation : un levier pour conjuguer les performances sociales et économiques. » In *Performances économiques et performances sociales à l'heure de la RSE*, édité par J.-M. Peretti et J.-L. Cerdin, 209. Marrakech : Université de l'Audit Social du Maroc.

Cambien, Aurore. 2008. *Une introduction à l'approche systémique : appréhender la complexité.* Rapport de recherche. Lyon : Centre d'études sur les réseaux, les transports, l'urbanisme et les constructions publiques (CERTU).

Cameron, Kim S. 1978. « Measuring Organization Effectiveness in Institutions of Higher Education. » *Administrative Science Quarterly* 23 : 604–632.

Cameron, Kim S., et David Allred Whetten. 1983. « Some Conclusions About Organizational Effectiveness. » In *Organizational Effectiveness: A Comparison of Multiple*

Models, édité par Kim S. Cameron et David A. Whetten, 261–277. New York : Academic Press.

Capra, Fritjof, et Pier Luigi Luisi. 2014. *The Systems View of Life: A Unifying Vision*. Cambridge : Cambridge University Press.

Champagne, François, André Pierre Contandriopoulos, Julie Picot-Touché, François Béland, et Hung Nguyen. 2005. « Un cadre d'évaluation globale de la performance des systèmes de services de santé : Le modèle EGIPSS. » Montréal : Université de Montréal, Conseil de la santé et du bien-être. https://doi.org/2-550-45870-2.

Checkland, Peter. 1981. *Systems Thinking, Systems Practice*. New York : John Wiley & Sons.

Commission européenne. 2024. *Méthode de l'aide : lignes directrices. Gestion du cycle de projet.* Bruxelles. Office de coopération Europe Aid.

De La Villarmois, Olivier. 2001. « Le concept de performance et sa mesure : un état de l'art. » *Les Cahiers de la Recherche – CLAREE*, UPRESA CNRS 8020, Centre Lillois d'Analyse et de Recherche sur l'Évolution des Entreprises. http://odlv.free.fr/documents/recherche/crperf.PDF.

Degenne, Alain. 1978. « Le Moigne Jean-Louis, *La théorie du système général. Théorie de la modélisation.* » *Revue française de sociologie* 19 (2) : 300–301.

Donnadieu, Gérard, Daniel Durand, Danièle Neel, Emmanuel Nunez, et Lionel Saint-Paul. 2003. « L'approche systémique : de quoi s'agit-il ? Synthèse des travaux du Groupe AFSCET – Diffusion de la pensée systémique. »

Le Robert, Dictionnaire en ligne. https://dictionnaire.lerobert.com/definition/concept.

Elkington, John. 1994. « Towards the Sustainable Corporation: Win-Win-Win Business Strategies for Sustainable Development. » *California Management Review* 36 (2) : 90–100. https://doi.org/10.2307/41165746.

Elkington, John. 1997. *Cannibals with Forks: The Triple Bottom Line of 21st Century Business.* Oxford : Capstone Publishing.

Escaffre, Lionel. 2000. « Les informations sur la performance contenues dans les rapports de gestion : étude exploratoire. » *21e Congrès de l'AFC,* France, CD-ROM. https://halshs.archives-ouvertes.fr/halshs-00587453.

Figge, Frank, Hahn Tobias, Stefan Schaltegger, et Marcus Wagner. 2002. "The Sustainability Balanced Scorecard – linking sustainability management to business strategy". *Business Strategy and the Environment,* vol. 11(5), pp. 269–284. DOI : 10.1002/bse.339.

Freeman, R. Edward. 1984. *Strategic Management: A Stakeholder Approach.* Boston : Pitman.

Forrester, Jay W. 1968. *Principles of Systems.* Productivity Press, Cambridge, MA.

Galdemar, Virginie, Léopold Gilles, et Marie-Odile Simon. 2012. *Performance, efficacité, efficience : les critères d'évaluation des politiques sociales sont-ils pertinents ?* Paris : CREDOC, Cahier n° 299.

Gallimard, Éditions. 1988. *Trésor de la langue française.* Paris : CNRS.

Giachetti, Ronald E. 2010. *Design of Enterprise Systems: Theory, Architecture, and Methods.* Boca Raton, Florida : CRC Press.

Gibert, Patrick. 1980. *Le contrôle de gestion dans les organisations publiques.* Indiana University : Les Éditions d'Organisation.

Gibert, Patrick, et François Bernard. 1977. « Contrôle de gestion et organisations publiques. » *Revue française d'administration publique* 2 : 7–23. https://doi.org/10.3406/rfap.1977.957.

Glouberman, Sholom, et Brenda Zimmerman. 2002. *Complicated and Complex Systems: What Would Successful Reform of Medicare Look Like ?* 8e éd. Ottawa : Commission on the Future of Health Care in Canada.

Größler, Andreas. 2004. « A Content and Process View on Bounded Rationality in System Dynamics. » *Systems Research and Behavioral Science* 21 : 319–330.

Harlé, Emmanuel, et Jean-Daniel Jouanneault. 1983. *L'Entreprise en tant que système*. Collection Science des systèmes. France : Presses Universitaires de Lyon.

Hubbard, Graham. 2009. "Measuring Organizational Performance: Beyond the Triple Bottom Line". *Business Strategy and the Environment*, 18(3), 177–191. https://doi.org/10.1002/bse.564

Igalens, Jacques, et Jean-Pascal Gond. 2005. « La responsabilité sociale de l'entreprise : une définition multidimensionnelle. » *Revue de l'Organisation Responsable.*

Ison, Ray, et Ed Straw. 2020. *The hidden power of systems thinking: governance in a climate emergency*. London : Routledge.

Kaplan, Robert, et David Norton. 1992. « The Balanced Scorecard: Measures That Drive Performance. » *Harvard Business Review* 70 (1) : 71–79.

Kaplan, Robert, et David Norton. 1999. « Le tableau de bord prospectif : un système de pilotage de la performance. » *Les systèmes de mesure de la performance, Harvard Business Review*. Paris : Éditions d'Organisation.

Lasfargues, Frédéric, et Christian Dalin. 2007. *Une introduction à l'approche systémique : appréhender la complexité*. Lyon : Centre d'études sur les réseaux, les transports, l'urbanisme et les constructions publiques (CERTU). https://hal.archives-ouvertes.fr/hal-02150426.

Laszlo, Ervin. 1972. *Introduction to Systems Philosophy*. 1re éd. New York : Gordon and Breach.

Le Moigne, Jean-Louis. 1990. *La modélisation des systèmes complexes*. Paris : Dunod.

Le Moigne, Jean-Louis. 1995. *Les épistémologies constructivistes*. Paris, P.U.F., Que Sais-je ? N- 2969.

Le Moigne, Jean-Louis. 1977. *Théorie du système général. Théorie de la modélisation*. Paris : Presses Universitaires de France.

Le Moigne, Jean-Louis. 2006. *La théorie du système général. Théorie de la modélisation.* Collection Les Classiques du Réseau Intelligence de la Complexité. France.

Longone, Paul. 1977. « Rosnay Joël de — *Le Macroscope. Vers une vision globale* [compte-rendu]. » *Population* 32 (6) : 1319. https://www.persee.fr/doc/pop_0032-4663_1977_num_32_6_16685.

Morin, Edgar. 1990. *Introduction à la pensée complexe.* Paris : Seuil.

Morin, Edgar. 2005. *Introduction à la pensée complexe.* Paris : Seuil.

Motulsky, B. 1977a. « Théorie générale des systèmes et science de la communication. » *Communication Information* 2 (1) : 50–56.

Motulsky, Bernard. 1977b. « Jean-Louis Le Moigne. *La théorie du système général (théorie de la modélisation).* » *Communication Information* 2 (3, automne 1978) : 217–218. https://www.persee.fr/doc/comin_0382-7798_1978_num_2_3_1078.

Odum, Eugene. 1976. *Écologie : un lien entre les sciences naturelles et les sciences humaines*. Montréal : HRW.

OECD (Organisation for Economic Co-operation and Development). 2019. *Better criteria for better evaluation: revised evaluation criteria. Definitions and principles for use.* OECD DAC Network on Development Evaluation. www.oecd.org/dac/evaluation.

Quinn, Robert E., et John Rohrbaugh. 1983. « A Spatial Model of Effectiveness Criteria. » *Management Science* 29 : 363–377.

Renaud, Angèle, et Nicolas Berland. 2010. « Mesure de la performance globale des entreprises. » Communication au colloque de Poitiers, France. HAL Id : halshs-00544875. https://halshs.archives-ouvertes.fr/halshs-00544875.

Ropohl, Günter. 1978. « Einführung in die allgemeinen Systemtheorie. » *Systemtheorie als Wissenschaftsprogramm*, édité par Hans Lenk, 9–49. Königstein/Ts : Athenäum Verlag.

Rosnay, Joël de. 1975. *Le Macroscope : vers une vision globale*. Paris : Seuil.

Sadovsky, Vadim Nikolayevitch. 1970. « Aspects méthodologiques d'une théorie générale des systèmes. » *Revue internationale de philosophie* 25 : 547–564.

Savitz, Andrew W., et Karl Weber. 2006. *The Triple Bottom Line: How Today's Best-Run Companies Are Achieving Economic, Social and Environmental Success*. San Francisco : Jossey-Bass.

Scott, W. Richard. 1977. « Effectiveness of Organizational Effectiveness Studies. » *New Perspectives on Organizational Effectiveness*, édité par Paul S. Goodman et Johannes M. Pennings, 63–95. San Francisco : Jossey-Bass.

Seashore, Stanley E. 1979. « Assessing Organizational Effectiveness with Reference to Member Needs. » Communication présentée au *Meeting of the Academy of Management*, États-Unis.

Senge, Peter M. 1990. *The Fifth Discipline: The Art and Practice of the Learning Organization*. New York : Doubleday/Currency.

Silem, Ahmed, Antoine Gentier, et Jean-Marie Albertini. 2024. *Lexique d'économie*. 16e éd. Paris : Dalloz.

Spriggs, Mark T. 1994. « A Framework for More Valid Measures of Channel Member Performance. » *Journal of Retailing* 70 (4) : 327–343.

Rouwette, Etiënne, Andreas Größler, et Jac Vennix. 2004. « Exploring Influencing Factors on Rationality : A Literature Review of Dynamic Decision-Making Studies in System Dynamics. » *Systems Research and Behavioral Science* 21 (4) : 351–370. https://doi.org/10.1002/sres.647.

Sterman, John, et Linda Booth Sweeney. 2000. " Bathtub dynamics: initial results of a systems thinking inventory." *System Dynamics Review*. 16 (4) : 249-286.

Thom, René. 1974. *Modèles mathématiques de la morphogenèse*. Paris : UGE.

Turchany, Guy. 2008. «La théorie des systèmes et systémiques. Vue d'ensemble et définitions». *Agir ensemble pour Eduquer au Développement durable*, Bordeaux : H – 4069 EGYEK, CH – 1213 Onex/Genève.

Voyer, Pierre. 2009. *Tableaux de bord de gestion et indicateurs de performance*. 2e éd. Québec : Presses de l'Université du Québec.

Weick, Karl. E. 1995. *Sensemaking in organizations*. Thousand oaks, CA : Sage.

Table des matières

Table des matières

ISSN 3096-8143

FIN D'OUVRAGE